"一带一路"丛书

郑 和 系 列

星槎胜览

（明）费 信 著

冯承钧 校注

南京市地方志编纂委员会办公室 编

南京出版传媒集团
南京出版社

图书在版编目（CIP）数据

星槎胜览 /（明）费信著；冯承钧校注 . -- 南京：
南京出版社，2019.9

ISBN 978-7-5533-2596-5

Ⅰ . ①星… Ⅱ . ①费… ②冯… Ⅲ . ①郑和下西洋—
史料 Ⅳ . ① K248.105

中国版本图书馆 CIP 数据核字（2019）第 121355 号

丛 书 名	"一带一路"丛书
书 名	星槎胜览
作 者	（明）费信
校 注	冯承钧
出版发行	南京出版传媒集团
	南京出版社

社址：南京市太平门街53号 邮编：210016

网址：http://www.njcbs.cn 电子信箱：njcbs1988@163.com

天猫1店：https://njcbcmjtts.tmall.com/ 天猫2店：https://nanjingchubanshets.tmall.com/

联系电话：025-83283893、83283864（营销） 025-83112257（编务）

出 版 人	项晓宁
出 品 人	卢海鸣
责任编辑	张 龙 汪 枫
装帧设计	王 俊
责任印制	杨福彬

制 版	南京新华丰制版有限公司
印 刷	南京工大印务有限公司
开 本	787毫米×1092毫米 1/16
印 张	8.5
字 数	110千
版 次	2019年9月第1版
印 次	2019年9月第1次印刷
书 号	ISBN 978-7-5533-2596-5
定 价	36.00元

天猫1店 天猫2店

"一带一路"丛书编委会

编者的话

　　600 多年前，从永乐三年（1405 年）至宣德八年（1433 年）的 28 年间，郑和率领庞大船队七下西洋，以过人的胆识和非凡的智慧，历经千难万险，行程 30 余万公里，远至红海和非洲东海岸，遍访 30 多个国家和地区，巩固了海上丝绸之路，传播了友谊的种子，促进了经济贸易交流，增进了国与国之间的友好交往，为世界文明进步做出了巨大贡献。

　　郑和七下西洋，密切了中国与海外诸国的友好交往，增进了中国人民和亚非人民的友谊。据不完全统计，在郑和下西洋期间，与郑和下西洋有关的亚非国家使节来华共 318 次，平均每年 15 次。郑和忠实地执行"以德睦邻""厚往薄来"的"宣德化而柔远人"的外交政策，致力弘扬中华礼教和儒家思想、历法、农业技术、手工艺、建筑雕刻技术、医术、航海造船技术等，肩负起"宣教化于海外诸番国，导以礼义，变其夷习""与天下共享太平之福"的重任，把中华古代文明的种子播撒在了风情万种的异域。

　　当时的明朝正处于"永乐盛世"，国家一统，社会安定，经济繁荣，国力强大，为郑和下西洋奠定了雄厚的物质技术基础。承接宋元以来的科技发展和社会进步，明朝的造船技术和航海技术涉及结构力学、流体力学、磁力学、工程学、数学、天文学、地理学、地质学、海洋学、气象学、生物学、医学等多门学科，领先于全球。当年这支庞大的木船编队，能够在洪涛接天、巨浪如山的大海上，"云帆高张，昼夜星驰"，不能不说是航海史上的奇迹，他们运用中国人自己发明的指南针，通过星辰定位，精确引航；他们采用昼行认旗、夜行认灯等方式，实现船舶间的联络、调度；他们绘制出标有530多个城市、岛屿、航海标志、滩、礁、山脉和航路名称的《郑和航海图》，准确、形象、丰富、完整，是世界上现存最早的航海图。

郑和七下西洋的壮举在当时和后世都留下了丰富的历史资料。南京是明代两京之一，龙江船厂是当时世界上规模最大、技术最先进的官办造船厂，是郑和船队船舶的主要来源之一，李昭祥的《龙江船厂志》、沈棨的《南船纪》从不同的视角展现明初南京造船业的盛况；由郑和随行人员马欢、费信、巩珍分别撰写的《瀛涯胜览》《星槎胜览》和《西洋番国志》，对下西洋所到国家和地区的历史沿革、重要都会、地理形势、宗教信仰、风俗习惯、物产气候等都做了详细的描述，使中国人对东南亚、北印度洋沿岸、阿拉伯海、红海乃至非洲东海岸一带的广大地区有了更多的了解和认识；由茅元仪《武备志》收入的《郑和航海图》，采用了中国传统的绘图法，把沿途经过的山川河流、岛屿浅滩、码头港口、城镇庙宇等，一一形象地标明在纸上，从南京到东南亚沿海、北印度洋沿岸，最远到非洲东海岸，分别标出了航向、航程等，是一部出色的航海手册；100多年后的万历年间，罗懋登将郑和七次奉使西洋的史实敷衍描绘成神魔小说，希望借此激励明代君臣勇于抗击倭寇，重振国威。

南京是郑和下西洋的策源地和出发地之一，留下了众多的历史遗迹和珍贵史料。南京市地方志编纂委员会办公室和南京出版传媒集团·南京出版社商议决定，延请名家重新修订相关资料并结集出版，希望让有关郑和下西洋的珍贵史料流传更远、更久、更广。

导　读

　　星槎者，舟船；胜览者，畅快的观赏。《星槎胜览》即为乘船旅行观赏的记录。作者费信，字公晓，自号玉峰松岩生。祖氏吴郡昆山（今江苏省苏州市昆山）人。洪武三十一年（1398年），其兄任太仓卫守卒未几而早逝，费信替兄从军，时年14岁。费信虽家境贫寒，身居陋室，然志笃而好学，"日就月将，偷时借书而习读"。当时，明廷在太仓设黄渡市舶司，管理海外通商事务。费信在此服役多年，见闻广博，因此，在郑和出使西洋选拔"文采论识之士"时，"信首预选"，时年22岁。

　　自永乐七年（1409年）起，费信以通事之职，随郑和等先后四下西洋，分别是第三次永乐七年、第四次永乐十一年（1413年）、第五次永乐十四年（1416年）及第七次宣德六年（1431年），历时二十余年，亲临亚非二十多个国家，"历览诸番人物风土所产"，每到一处，费信都注意观察当地风土人情，广泛收集相关资料，在公务之余，"伏几濡毫，叙缀篇章，标其山川、夷类、物候、风习，诸光怪奇诡事，以储采纳"。宣德九年（1434年），费信回到家乡，整理下西洋期间所记文稿，至正统元年（1436年）正月完成撰写，题为《星槎胜览》。

　　是书付刻为前后二集。《前集》所记占城、宾童龙、灵山、昆仑山、交栏山、暹罗、爪哇、旧港、满剌加、九洲山、苏门答剌、花面、龙牙犀角、龙涎屿、翠蓝屿、锡兰山、小㖠喃、柯枝、古里、忽鲁谟斯、剌撒、榜葛剌凡二十二国，内容为其亲历见闻；《后集》所记真腊、东西竺、淡洋、龙牙门、龙牙善提、吉里地闷、彭坑、琉球、三岛、麻逸、假里马打、重迦逻、渤泥、苏禄、大㖠喃、阿丹、佐法儿、竹步、木骨都束、溜洋、卜剌哇、天方、阿鲁凡二十三国，内容为其采辑旧说传译而成。

《星槎胜览》原本"文学芜俚，词多鄙芜"，当首先流传于昆山。据考，嘉靖己未（1559年），邑人归有光与其友周孺允皆藏有原本，另一位与有光同里同时的周复俊，亦应缮录有之。今原本可见者，有《国朝典故》本、罗以智校传明钞本、罗振玉影印天一阁本等三种。另有"颇有增删、文字雅洁"的四卷（或合为一卷）改订本八种，即《古今说海》《历代小史》《纪录汇编》《百名家书》《格致丛书》《学海类编》《借月山房汇钞》《逊敏堂丛书》等。至于改订者，据《昆新两县续修合志》卷三十《文苑一》所载《费信传》及冯承钧校注序称，周复俊因见原本鄙芜，乃加删析，并附《玉峰诗纂》行世；复被邻地松江府（今上海）的明代文学家陆深收入《古今说海》中，并为后刻诸丛书所转录。

当然，就文献史料价值而言，当以原本为上，因其乃作者当时所记，虽不文，亦不失真。南京市地方志编纂委员会办公室编、南京出版社重版的，便是以原本为据的冯承钧《星槎胜览》校注本。

冯承钧（1887—1946年），湖北夏口（今汉口）人，字子衡，是民国时代重要的史地考证和中外交通史研究大家。他早年留学比利时，后赴法国巴黎大学，主修法律。1911年获索邦大学法学士学位。续入法兰西学院师从著名汉学家伯希和。冯承钧归国后，曾任北京大学历史系教授、北京师范大学历史系教授。他通晓法文、英文、梵文、蒙古文、阿拉伯文、波斯文，兼及古回鹘语、吐火罗语和蒙古语八思巴字，并精通中国史籍，在历史学、历史地理学、历史语言学和考古学等方面造诣深厚，著译等身。

在郑和下西洋研究领域,其代表作即包括《星槎胜览校注》《瀛涯胜览校注》等。

冯承钧《星槎胜览校注》,以罗以智校本为底本,用《国朝典故》本、天一阁本对校,勘正讹字脱文。复取藤田丰八《岛夷志略》校注本互证。再广采锡兰岛三文字碑和娄东刘家港碑、福建长乐县《天妃灵应记》等古碑文,及郑晓《皇明大政记》《皇明四夷考》,郎瑛《七修类稿》等文献,力证郑和等在永乐五年至七年间有一次"通番之役"而未经《明史》纪传著录,从而重新考订了郑和七下西洋的时间。

值得注意的是,冯承钧校注本在正文中,将改订的《纪录汇编》本对刊于原本之后,这非但展现了两种版本的不同,也有助于对勘补正条文。如改订本对某些国家风土人情、气候物产、地理航程的文字表述上,较之原本有所增益和调整,读来更加明确顺畅。

此外,冯承钧在正文前,录入《星槎胜览校注》序、《星槎胜览》序,并附四卷本《星槎胜览》序,说明了原著与校注本的产生与特征。在正文后,收入《费信传》《归有光题》和《罗以智跋》三篇,介绍了费信其人和收藏家对版本的处理与评价。这些序和附录,对于了解费信写作《星槎胜览》的过程以及其版本的变动与流传均是颇有稗益的。

费信是郑和四次下西洋的随行者,《星槎胜览》乃据其亲览与传闻所录,真实可靠,是研究郑和下西洋历史的第一手资料,具有重要的史料价值。

首先,费信《星槎胜览》记载了四次下西洋过程中亲览和采询的四十余国情况,对其地理位置、气候物产、历史沿革、社会制度、政教刑法、生产状况、商业贸易、生活状况、社会风俗和宗教信仰,做了扼要的描述,可补《明史》之缺。如郑和二下西洋的史实为《明史》阙如,《星槎胜览》"锡兰山"条则记载了郑和布施建碑,"九洲山"条记载了郑和差官兵入山采香,"满剌加"条记载了郑和等建碑封域等活动。

其次,较之同为记载郑和下西洋原始史料的《瀛涯胜览》《西洋番国志》，《星槎胜览》有其独特的价值。费信先后四次下西洋，是上述三书的作者中次数最多的；《星槎胜览》记载了四十余国，内容丰富，且多为当地最早的实录，远多于《瀛涯胜览》和《西洋番国志》所记的二十余国，补充了后者所未收录的若干亚非国家，对于研究15世纪初亚非各国的基本状况极具价值。如"吉里地闷"条中"其商舶染病，十死八九，盖其地甚瘴气……男女断发，穿短衫"的记载；"佐法儿国"条中"牛、羊、驼、马惟食鱼干"的记载；"翠蓝屿"条中"惟在海网捕鱼虾，及蕉、椰子之为食啖也"等记载，均为研究当地经济、风俗及物产的重要史料。

此外，《星槎胜览》在各条中还记载了海上航行路线与时间，记载了暹罗国人遇"我中国男子甚爱之，必置酒致待而敬之，欢歌留宿"等，为研究中国古代航海史、华侨史等提供了珍贵的史料。

《星槎胜览》和《瀛涯胜览》《西洋番国志》等记载郑和下西洋的原始文献一样，见证了东西方物质文明和精神文明的交融，不仅是历史的记录和回忆，更是"一带一路"的内涵积淀、文明源头和行动基础。它所载的各国物产、文化、民俗、宗教等的多样性交流，架构了不同国家、不同种族、不同文明的相互影响和相互包容的思想纽带，对新时代"一带一路"的建设，具有重要的启发意义和应用价值。

我以为，在吸取和借鉴历史经验与精神内涵的基础上，以创新理念切实推进"一带一路"的建设，着力发展中外合作与友谊，使海陆沿线的各国人民能实实在在感受到"一带一路"倡议的价值，同心同德建设人类命运共同体，正是其再版重印的主旨所在。

孙光圻

《星槎胜览校注》序

　　前岁雠校《瀛涯胜览》毕，拟续取诸本《星槎胜览》校勘。惟当时仅有上虞罗氏影印天一阁本，无他本可资检对。《星槎胜览》版本流传与《瀛涯胜览》同，大致亦可别为两类。一类为原本，凡二卷，文字芜俚；一类为改订本，分四卷，较原本颇有增删，文字雅洁。改订本今可考者共有八本：曰《古今说海》本，曰《历代小史》本，曰《纪录汇编》本，曰《百名家书》本，曰《格致丛书》本，曰《学海类编》本，曰《借月山房汇钞》本①，曰《逊敏堂丛书》本。此八本惟《百名家书》本未能见。顾此本与《格致丛书》本并胡文焕辑，版本应同。《历代小史》本虽合为一卷，然与诸本皆同，惟缺"真腊"条。殆以《星槎胜览》后接刻《真腊风土记》，故将此条删除。《格致丛书》本所本者，疑是《历代小史》本，亦合为一卷，缺"真腊"条。此外除传录或刊刻之脱讹外，八本内容几尽相同。

　　《星槎胜览》版本之分两类者，殆因原本文字芜俚，后人特为改订而润色之。改订者究为何人，据伯希和教授说，即为费信本人②。然此说无据。观原本文字，费信似为不能作雅语者，《昆山新阳两县合志》卷三十《文苑·费

---

① 《泽古斋丛抄》本同。
② 说见《郑和下西洋考》七九页。

信传》①固有"简文采论识之士,颛一策书,备上亲览"语。盖为修志者
想像之词,未足据也。吾友向觉明达检乾隆《昆山新阳合志》②所载周复俊《星
槎胜览序》,末云:"予屏居多暇,稍加删析,录一净本,寘六梅斋中。
他时隐囊卧游,又何必识九洲而临五岳也。"因惟定改订人即为周复俊。③
此说近类真相,兹请就此说引伸之。考明人著述志及下西洋事者,有陆容
(1436—1494年)《菽园杂记》,祝允明(1460—1526年)《前闻记》,
归有光(1506—1571年)《震川集》,顾起元(1565—1628年)《客座
赘语》,周复俊(1496—1574年)《星槎胜览序》④。诸人惟祝允明为长
洲人,周复俊、归有光皆昆山人,顾起元原昆山人,以南京金吾卫籍登进
士。⑤陆容《明史》有传,谓为太仓人。"太仓"下应脱"卫"字。太仓
于弘治十年(1497年)始置州⑥,而容之殁在置州前三年,则容生时太仓
卫仍属昆山县境。由是观之,诸人与费信皆同乡里。信之行纪首先流传昆山,
自为意中必有之事。嘉靖己未(1559年),归有光与其友周孺允皆藏有
《星槎胜览》原本⑦,可以证已。周复俊与有光同里同时,应亦缮录有之。
费信《序》称,年至二十二选往西洋,又表载初使西洋在永乐七年(1409
年),则其人生于洪武二十一年(1388年)。假定寿至八十,复俊虽未
能亲见其人,然时距不远,不难获见其书。必亦见原本鄙芜,乃加删析。
陆深(1477—1544年)父子复以删析本收入《古今说海》中,后刻诸丛书,
因而转录,无所增损。此删析本,所增"阿鲁"条,与其他各条原本所无
之文,疑由复俊采自《西洋番国志》"哑鲁"等条也。

---

① 见后。
② 卷三十五《艺文》。
③ 见《小说月报》第二十卷第一号五三至五四页。
④ 复俊有《太仆集》,一名《六梅馆集》,今未见。此序载《乾隆昆新合志》,光绪续修本删。
⑤ 国子监进士题名碑:"万历戊戌一甲三人顾起元。"注江宁籍昆山人。
⑥ 见《明史·地理志》。
⑦ 见《震川集》卷五。

删析本既通行，原本遂废。赖有归有光等，以为“当时所记虽不文亦不失真”，录而存之，原本因得流传至今。其本今可见者有三：曰《国朝典故》本，曰罗以智校传抄明抄本，曰上虞罗氏影印天一阁本。[①]三本大致相同，惟讹字脱文，触目皆是。但以三本互勘，不难复旧。《昆山新阳合志·费信传》称“附《玉峰诗纂》行世”，然今见长沙叶氏观古堂所藏明刻本《玉峰诗纂》，后未附有《星槎胜览》，殆出修志者之误记也。

今以罗以智校本为底本，用《国朝典故》本[②]、天一阁本[③]对校。费信书采摭汪大渊《岛夷志略》之文甚多，复取藤田丰八校注本互证。四卷本与原本既各有详略，兹并录其文附于各条之后，以资参稽。八本中今所见者以《古今说海》本为最古，然明刻本不易得，覆刻本错讹更甚。其次《历代小史》本，残缺不完。故今所录者皆明刻本《纪录汇编》之文，惟此本脱讹之处皆仍原书，未加校正，俾存原刻面目。若以费信原本之文对照，其误自见。此外体例一仿《瀛涯胜览校注》，惟名物疏释已见《瀛涯胜览校注》者，多不重注，仅于前注讹误脱漏处别为说明。阅是编者可并取《瀛涯胜览校注》合观之。

前撰《瀛涯胜览校注》序，曾将郑和七次下西洋年月考证条列，付梓以后，继有重要发现，证明原考二、三、四、五次下西洋年月应改作三、四、五、六次下西洋年月。永乐五年至七年间别有一次通番之役，《明史》纪传脱漏，乃经碑文证明。据永乐七年二月甲戌郑和在锡兰岛迓里城所立三种文字碑[④]，知和于永乐七年春曾莅锡兰。又本书“九洲山”条：永乐七年郑和等差官兵入山采香。又《瀛涯胜览》“满剌加”条：永乐七年己丑上命正使太监郑和等赍诏敕赐头目银印冠带袍服，建碑封城。又郑晓《皇

① 广州中山大学覆刻者亦为天一阁本。

② 省称朱本。

③ 省称影本。

④ 见本书“锡兰山”条。

明大政记》：己丑永乐七年，春正月太监郑和航海通西南夷。又郑晓《皇明四夷考》：永乐七年太监郑和、王景弘、侯显统三万人往西洋。又郎瑛《七修类稿》：永乐丁亥（五年），命太监郑和、王景弘、侯显三人往东南诸国。皆证明郑和等在永乐五年至七年间曾有一次通番之役，而未经《明史》纪传著录者也。钱谷《吴都文萃续集》第二十八卷有《娄东刘家港天妃宫石刻通番事迹记》[①]，福建长乐县有南山塔寺石刻《天妃灵应记》[②]，皆证明永乐五年至七年间郑和等曾至西洋。由是上引诸书所记年月始得其解，兼可补史之缺文也。兹重再考订七次下西洋年月于后。

第一次奉使，《明史·本纪》载，在永乐三年六月己卯，还京。《太宗实录》载在永乐五年九月壬子。碑文仅云："永乐三年往，永乐五年回。"

第二次奉使，《实录》失载，惟《明史·本纪》云："永乐五年九月癸亥郑和复使西洋"，则和于永乐五年九月初二还京，同月十三日复奉使。碑文仅云："永乐五年往，至七年回。"

第三次奉使，《明史·本纪》载，在永乐六年九月癸亥。《实录》同，惟"癸亥"作"癸酉"。还京在永乐九年六月乙巳，《明史》与《实录》并同。碑文仅云："永乐七年往，永乐九年回。"按奉使年月与出发年月不尽相合者，盖诏敕随时可下，而航海须待季候风也。此次降敕疑在大艐宝船未归时。

第四次奉使，《明史·本纪》载，在永乐十年十一月丙辰，按是年十一月无丙辰，应从《实录》作"丙申"。还京在永乐十三年七月癸卯，《明史》与《实录》并同。碑文仅云："永乐十一年往，至十三年回。"

第五次奉使，《明史·本纪》载，在永乐十四年十二月丁卯，还京在十七年秋七月庚申，《实录》并同。碑文仅云："永乐十五年往。"

---

① 此文首由郑君鹤声检出，见《大公报·史地周刊》第五十七期。

② 此碑拓本曾经陈君几士惠寄一本，并云"此碑久埋失传。民国二十年友人吴鼎芬为知事，托其搜访，于旧址土中刨出，曾拓数纸"云云。

第六次奉使，《明史·本纪》载，在永乐十九年春正月癸巳，还京在二十年八月壬寅。碑文仅云："永乐十九年往。"

第七次奉使，《明史·本纪》失载，惟《郑和传》作宣德五年六月。碑文仅云："宣德六年往。"祝允明纪载此役甚详。知于宣德五年闰十二月六日自南京之龙湾开船，六年二月二十六日到福建长乐港，同年十一月十二日出发，宣德八年七月六日还京。

此外尚有一役不见《明史·本纪》及碑文著录，仅见《明史·郑和传》，乃指永乐二十二年正月郑和赍敕印往赐旧港酋长一事，此次郑和疑未行①，抑是役未出印度洋，不列入下西洋诸役也。

前注《瀛涯胜览》后，得见明钞说集本《瀛涯胜览》②，疑即祁承爜《澹生堂藏书目》卷三著录之说钞本。《国朝典故》本疑从此本钞出，其足以校订《瀛涯胜览》之文甚多。"古里"条此本即作"哲地未讷几即书算手官府牙人来会"。诚如伯希和教授之说③，前此校勘时惜未早见此本。又马敬序"跨越海外与诸番货"句，初疑中有脱文，后检别一《国朝典故》本，此下脱一"易"字。又"南淳里"条"番名那没喇洋"，误将"番"字刊落。兹皆前注之失，特附带纠正于此。

民国二十五年冬至日命恕隐二儿笔受讫

冯承钧识

---

① 参看《大公报·史地周刊》管君劲丞所撰文。
② 此本与罗以智校《星槎胜览》本并藏北平人文科学研究所。
③ 见一九三五年《通报》评《瀛涯胜览校注》文。

《星槎胜览》^① 序

夫万物无不覆载者，天地之统也；万邦无不归顺者，圣人之统也，天地圣人一而二，二而一者也。试尝观之，天位乎上，地位乎下，二气周流，四时更化，果何以见其统哉？吁^②！大哉乾元，万物资始，至哉坤元，万物资生。则凡物之在于两间者，无不闻之也。圣人以一人之^③身，处乎九重之上，舆图之广，生齿之繁，亦何以见其统哉？噫，本乎圣人己德之修也耳，禀圣神文武之德^④，蕴睿知^⑤聪明之资，首出庶物，卓冠群伦，所守者至简而能御繁，所处者至静而能制动，所务者至寡而能服众。是以际天所覆^⑥，极地^⑦所载^⑧，莫不咸归于德化之中。普天之^⑨下，率土之滨，罔不悉归于涵养之内。洪惟我太祖高皇帝，龙飞淮甸，鼎定金陵。扫胡元之

① 此下原有"前集"二字，朱本、影本并无，今删。
② 朱本、影本无"吁"字。
③ 原脱"人之"二字，从朱本、影本补。
④ 原缺"德"字，从朱本、影本补。
⑤ 影本作"智"。
⑥ 朱本作"载"。
⑦ 朱本、影本并作"天"。
⑧ 朱本作"覆"。
⑨ 影本脱"之"字。

弊习,正华夏之彝伦,振纲常以布中外,敷文德以及四方。太宗文皇帝,德泽洋溢乎天下①,施及蛮夷。舟车所至,人力所通,莫不尊亲。执圭捧帛而来朝,梯山航海而进贡。礼乐明备,祯祥毕集。仁宗昭②皇帝,法祖宪天,行二帝三王之道。宣宗章皇帝,守成继统,体二帝三王之心。迨至皇上仁智天锡,圣道日新。任师传者,皆伊召③之德,居廊庙者,尽稷卨之贤。圣圣相承,绍继大统,岂不谓天地圣人同其致焉。愚生费信,祖氏吴郡昆山民也。洪武三十一年,先兄籍太仓卫,不几而④蚤世。信⑤年始十四,代兄当军。且家贫而陋室,志笃而好学,日就月将,偷⑥时借书而习读,年至二十二。永乐至宣德间,选往西洋,四次随征⑦正使太监郑和等至诸⑧海外,历览诸番人物风土所产,集成二帙,曰《星槎胜览》,前集者,亲监目⑨识之所至也;后集者,采辑传译之所实也。然不能效编摩之体,为文为诗,诚不敢负圣恩。往赐玺书礼币,至仁至⑩德,化及蛮夷,万邦臣服,贡献之盛欤!书既成,稿未获删⑪正。傥遇明师硕儒,笔则笔,削则削。愚信效勤之诚,鄙陋之至,可得所伸矣。钦哉皇图广运,大明丽天,实驾唐虞而超越三代矣。可知海域蛮方风俗之美恶,山川之险易。物产虽殊异,无为之用;人类之丑贱,何足可观?傥蒙明贤阅之,尽在心目,

---

① 原作"地",从朱本、影本改。

② 原脱"昭"字,从朱本、影本补。

③ 当作"吕"。

④ 影本此下多一"信"字。

⑤ 朱本、影本皆脱"信"字。

⑥ 朱本误"伦"。

⑦ 三本皆作"征",疑为"从"之误。

⑧ 原误"储",从朱本、影本改。

⑨ 影本误"日"。

⑩ 原缺"至"字,从朱本、影本补。

⑪ 影本误"册"。

克忽^①远涉之劳，永固天朝之祚，信学识疏浅，恳切不胜之至情^②也。

正统元^③年龙集丙辰春正月朔日玉峰松岩生费信公晓^④谨序

附四卷本《星槎胜览》序^⑤

　　臣闻王者无外，中天下而立，定四海之民，一视同仁，笃近举远，故视中国犹一人。而夷狄之邦，则以不治治之。洪惟圣朝天启文运，太祖高皇帝龙飞九五，波泽敷于中外，德威振于万邦。太宗文皇帝继统，文明之治格于四表。于是屡命正使太监郑和、王景弘、侯显等，开道九夷八蛮，钦赐玺书礼币。皇风清穆，覃被无疆。天之所覆，地之所载，莫不贡献臣服。三五之世，不是过矣。皇上嗣登大宝，诏止海舶，及远征之役。盖以国家列圣相继，奕叶重光，治化隆盛。而远夷小丑，或梗皇化，则移师薄伐，使不忘武备，以巩固鸿基，为万世之宏规也。皇上恭默思道，端拱而治，守盈成之运，垂无穷之业，得时措之宜也。臣本吴东鄙儒，草茅下士。先臣戍大仓，未几而蚤逝。于是臣继戍役，至永乐宣德间，选随中使至海外，经诸番国，前后数四，二十余年，历览风土人物之宜采辑，图写成帙，名曰《星槎胜览》。不揣肤陋，辄敢自叙其首。一览之余，则中国之大，华夷之辨，山川之险易，物产之珍奇，殊方末俗之卑陋，可以不劳远涉而尽在目中矣。夫王者无外，王德之体，以不治治之。王道之用若然。将见

---

① 朱本、影本作"忽"。

② 朱本作"愿"，影本误"债"。

③ 原脱"元"字，从朱本、影本补。

④ 《千顷堂书目》卷八作"公晚"。

⑤ 从《纪录汇编》本转录。

治化之效，声教所及，暴风不作，海波不扬。越棠肃慎之民曰："中国有圣人在上，白雉楛矢之贡，不期而至矣。"

正统元年丙辰春正月吉日臣费信稽首谨序

目　录

《星槎胜览》前集

《星槎胜览》后集

《星槎胜览》前集

《星槎胜览》前集目录

一、于永乐七年随正使太监郑和等往占城①、爪②哇、满剌加、苏门答剌、锡兰山、小唄③喃、柯枝、古里等国开读赏赐，至永乐九年回京。

一、于永乐十年随奉使少监杨敕④等往榜葛剌等国开读赏赐，至永乐十二年回京。⑤

一、于永乐十三年随正使太监郑和等往榜葛⑥剌诸番，直抵忽鲁谟斯等国开读赏赐，至永乐十四年回京。⑦

---

① 原误"成"，从朱本、影本改。

② 三本皆误"瓜"，今改。

③ 朱本作"咀"。

④ 朱本作"剌"，疑皆"敏"字之误。

⑤ 本书"榜葛剌国"条云：永乐十年并永乐十三年二次，上命太监侯显等统领舟师，赍捧诏敕，赏赐国王。《明史》卷三〇四《侯显传》云：永乐十一年春，显复奉命赐西番尼八剌、地涌塔二国；十三年七月帝欲通榜葛剌诸国，复命显率舟师以行。则永乐十一年显未至榜葛剌。本书"榜葛剌"条疑脱杨敕或杨敏名。

⑥ 原脱"葛"字，从朱本、影本补。

⑦ 考《明史》、《明实录》、南山寺碑，郑和第四次下西洋，以永乐十年往，永乐十三年还。第五次下西洋；以十四年十二月往，十七年七月还。别无十三年往榜葛剌诸番事。"郑和"应是"侯显"之误。

一、于宣德六年随正使太监郑和等往诸番，直抵忽①鲁谟斯等国开读赏赐，至宣德八年回京。

通计历览西洋诸番之国，风土人物之异，逐国分序，咏其诗篇。

占城国

宾童龙国

灵山

昆仑山

交栏山

暹罗国

爪②哇国

旧港

满刺加国

九洲山

苏门答剌国

花面王③国

龙牙犀角

龙涎④屿

翠蓝屿

锡兰山国

小唄⑤喃国

柯枝国

① 原误"忽"，影本误同，从朱本改。

② 三本皆误"瓜"，今改。

③ 三本皆误"三"，今改。

④ 原误"涎"，影本同，从朱本改。

⑤ 朱本作"山咀"。

古里国

忽①鲁谟斯国

剌撒国

榜葛剌国②

---

① 原误"忽",影本误同,从朱本改。

② 四卷本不分亲历或传闻之国。凡四十国,多阿鲁,无龙牙善提、琉球、三岛、渤泥、苏禄五国。
龙牙犀角作"龙牙加貌",大小唄喃作"大小葛兰",吉里地门作"吉里地闷",麻逸作"麻逸冻",
溜洋作"溜山洋"。

占城国（Campa, Annam）

永乐七年己丑，上命正使太监郑和、王景弘[1]等统领官兵二万七千余人[2]，驾使[3]海舶[4]四十八号[5]，往诸番国开读赏赐。是岁秋九月，自太仓刘家港开船，十月到福建长乐太平港停泊[6]。十二月于福建五虎门开洋，张十二帆，顺风十昼夜到占城国。其国临海有港曰新洲[7]，西抵交趾，北连中国。他番宝船到彼，其酋长头戴三山金花冠，身披锦花手巾，臂腿四腕，俱以金镯，足穿玳瑁履，腰束八宝方带，如妆塑金刚状。乘象，前后[8]拥

---

① 朱本、影本皆无王景弘。

② 上六字朱本、影本并无。

③ 原缺"使"字，从朱本、影本补。

④ 朱本、影本并作"船"。

⑤ 明钞说集本《瀛涯胜览》卷首列举有宝船官兵总数云："宝舡六十三号，大者长四十四丈四尺，阔一十八丈，中者长三十七丈，阔一十五丈。""计下西洋官校、旗军、勇士、通事、民稍、买办、书手，通计二万七千六百七十员名，官八百六十八员，军二万六千八百名，指挥九十三员，都指挥二员，千户一百四十员，百户四百三员，户部郎中一员，阴阳官一员，教谕一员，舍人二名，医官医士一百八十员名，余丁二名，正使太监七员，监丞五员，少监十员，内官内使五十三员。"总计其数应共有二万八千五百六十八人，与上举总数相差八百九十八人，两数疑有一误。《明史·郑和传》："造大舶，修四十四丈，广十八丈者六十二。"此云宝舡六十三号，其数大致相同，殆为初下西洋时船数。而永乐七年之役仅存四十八号也。《郑和传》有士卒二万七千八百余人，祝允明《前闻记》有二万七千五百五十员名，数各不同，殆各据当时下西洋人数而言也。

⑥ 乾隆本《长乐县志·祥异门》云："永乐十年三宝太监驻军十洋街。人物辏集如市。"足证每次海行必泊长乐。

⑦ 今安南归仁。

⑧ 朱本、影本并作"护"。

随^①番兵五百余，或执锋刃短枪，或舞皮牌，捶善^②鼓，吹椰笛壳筒。其^③部领皆乘马出郊迎接诏赏，下象膝行，匍匐感沐天恩，奏^④贡方物。

其国所产，巨象、犀牛甚多，所以象牙、犀角广贸别国。棋楠香在一山所产，酋长差人看守采取，禁民不得采取，如有私偷卖者，露犯则断其手。乌木、降香，民下樵而为薪。气候常^⑤热如夏，不见霜雪，草木常青^⑥，随花随结^⑦。供民以煮海为盐，田禾甚薄。其国之人，惟食槟榔，裹荖^⑧叶，包蛎壳灰，行住坐卧不绝于^⑨口。不解正朔，但看月生为初，月晦为尽^⑩，如此十次盈亏为一岁，昼夜以善搥鼓十更为法。酋长及民下非至午不起，非至子不睡。见月则饮酒歌舞为乐^⑪。酋长所居高广，屋宇门墙俱^⑫砖灰甃砌，及坚硬之^⑬木雕琢兽畜之形为华饰，外周砖垣。亦有城郭之备，练兵之具，药镞刀标之属。其部领所居，亦分等第，门高有限。民下编茅覆屋，门不过三尺，过则即罪之。一国之食，鱼不腐烂不食，酿不生蛆不为美。造酒以米和药丸干持入瓮中，封固，如法收藏，日久其糟生蛆为佳酝。他日开封，用长节竹竿三四尺者，插入糟瓮中，或团坐五人十人，量人入水多寡，轮次吸竹引酒入口，吸尽再入水，若无味则止，有味封留再用。

---

① 原脱"随"字，从朱本、影本补。

② 原脱"善"字，从朱本、影本补。

③ 朱本、影本并作"及"。

④ 朱本、影本作"奉"。

⑤ 原脱"常"字，从朱本、影本补。

⑥ 朱本、影本并作"春"。

⑦ 朱本、影本并作"随开随谢"。

⑧ 三本均作"萎"，今改。

⑨ 朱本、影本并作"其"。

⑩ 朱本作"月日之定，生为初，月晦为满。"影本作"月日之，但有月生为初，月晦为满。"皆有脱文。

⑪ 朱本、影本并作"美"。

⑫ 朱本、影本并作"以"。

⑬ 原脱"之"字，从朱本、影本补。

岁时①纵人采生人之胆，鬻于官，其酋长或部领得胆入酒中，与家人同饮，又以浴身②，谓之曰"通身是胆"。③相传尸④头蛮者，本是妇人也，但无瞳人为异。其妇与家人同寝，夜深飞头而去，食人秽物⑤，飞头而回，复合⑥其体，仍活如旧。若知而封固其项，或移体别处，则死矣。人有病者，临粪时遭之⑦，妖气入腹，病者必死。此妇人亦罕有，民间有而不报官者，罪及一家。⑧番人爱其头，或有触弄其头者，必有生死之恨。男女椎⑨髻脑后，花布缠头，上穿短布衫，腰围色⑩布手巾。其国无纸笔之具，但将⑪羊⑫皮槌薄薰黑，削细竹为笔，蘸白灰书字，若蚯蚓委曲之状。语言燕鹧⑬，全凭通事传译。

诗曰：

圣运承天统，雍熙亿万春。元戎持使节，颁诏抚夷民。莫谓江山异，

---

① 原脱"时"字，从朱本、影本补。

② 上四字朱本、影本无。

③ 此本《岛夷志略》"占城"条。原文云："岁以上下元日纵诸人采生人胆，以鬻官家。官以银售之，以胆调酒，与家人同饮，云'通身是胆'，使人畏之，亦不生疵疠也。"

④ 朱本作"尸"，影本误"户"。

⑤ 上二字朱本、影本作"粪尖"。

⑥ 原缺"合"字，从朱本、影本补。

⑦ 上五字，朱本、影本作"遇食其粪"。

⑧ 此本《岛夷志略》"宾童龙"条。原文云："其尸头蛮女子害人甚于占城，故民多庙事而血祭之。蛮亦父母胎生，与女子不异，特眼中无瞳人。遇夜则飞头食人粪尖，头飞去，若人以纸或布掩其项，则头归不接而死。凡人居其地，大便后必用水净浣，否则蛮食其粪，即逐臭与人同睡。倘有所犯，则肠肚皆为所食，精神尽为所夺而死矣。"

⑨ 三本皆作"堆"，今改。

⑩ 原作"花"，从朱本、影本改。

⑪ 上二字原作"以"，从朱本、影本改。

⑫ 原作"牛"，从朱本、影本改。

⑬ 疑为"鹪"之讹。

同沾雨露新。西连交趾塞，北接广南津。酋长尤崇礼，闻风感圣人①。棋楠宜进贡，乌木代②为薪。笔写羊皮纸，言谈鸠③舌人。角犀应自纵，牙象尚能驯。蛆酒奇堪酌，尸蛮怪莫陈。遥观光峤外，顿觉壮怀伸。采撷成诗句，摅诚献紫宸。

《纪录汇编》本

永乐七年，太宗皇帝命正使太监郑和、王景弘等统官兵二万七千余人，驾海舶四十八号，往诸番国开读赏赐。是岁秋九月自太仓刘家港开船，十月至福建长乐太平港停泊，十二月于五虎开洋，张十二帆，顺风十昼夜至占城国。其国临海有港曰新州，西抵交趾，北连中国地。海船到彼，其酋长头戴三山金花冠，身披锦花手巾，臂腿四腕俱以金镯，足穿玳瑁履，腰束八宝方带，如妆塑金刚状。乘象，前后拥番兵五百余，或执锋刃短枪，或舞皮牌槌鼓，吹椰壳筒。其部领皆乘马出郊迎诏，下象膝行，匍匐感恩，奏贡方物。

其国所产巨象、犀牛甚多，象牙、犀角广贷别国。棋楠香在一山所产，酋长差人禁民不得采取，犯者断其手。乌木降香樵之为薪。天无霜雪，气候常热如夏。草木常青，随花随结。煮海为盐，禾稻甚薄。国人惟食槟榔，裹蒌叶，包蚌壳灰，行住坐卧不绝于口。不解正朔，但看月生为初，月晦为尽，如此十次盈亏为一岁。昼夜善槌鼓，十更为法。酋长及民下非至午不起，非至子不睡。见月则饮酒歌舞为乐。酋长所居，屋宇门墙俱砖灰甃，及以坚木雕镂兽畜之形为华，外周砖垣。亦有城郭兵甲之防，药镞刀标之属。其部领所居亦分等第，门高有限。民下编茅覆屋。鱼不腐烂不食，酿不生蛆不为美。酒以米拌药丸干和入瓮中，封固，如法收藏，日久其糟生蛆为

---

① 朱本作"仁"。

② 原缺"代"字，从朱本、影本补。

③ 朱本、影本并作"鹒"。

佳酝。他日开封，用长节竹干三四尺者，插入糟瓮中。或团坐五人，量人入水多寡，轮次吸竹饮酒入口，吸尽再入水，若无味则止，有味留封再用。

酉长岁时采生人胆入酒中，与家人同饮，又以浴身，谓之"通身是胆"。尸头蛮者，本是妇人，但无瞳神为异。其妇与家人同寝，夜深飞头而去，食人秽物，飞回复合其体，即活如旧。若知而封固其项，或移体别处，则死矣。人有病者，临粪时遭之，妖气入腹必死。此妇人亦罕有，民间有而不报官者，罪及一家。番人戏之，触弄其头，必有生死之恨。男女椎髻脑后，花布缠头，上穿短布衫，腰围花布手巾。其国无纸笔，以羊皮槌薄熏黑，削细竹为笔，蘸白灰书字，若蚯蚓委曲之状。言语燕鸩，全凭通事传译。

宾童龙国（Panduranga, Phanrang）

其国^①与占城山地接连。有双溪涧，水澄清，佛书所云舍卫乞食，即其地也。目连所居遗址尚存^②。人物、风土、草木、气候，与占城大同小异。惟丧礼之事，能持孝服，设佛事而度死者，择僻地而葬之。婚姻遇合，情意不忘，终乖人伦理。尸头蛮^③者，比占城害之^④尤甚，民多置庙，牲血祭之求禳^⑤。酋长出入，或象或马，一如占城。王扮略同，从者前后有百余人，执盾赞唱，曰亚曰仆^⑥。地产棋楠香、象牙，货用金银、花布之属。民下编茅覆屋而居，亦如占城^⑦。其食啖行止状貌，可笑可嗟矣！

诗曰：

海峤宾童国，双溪水色清。目连生育处，佛氏乞游城。地^⑧窄民居^⑨少，山多野兽鸣。气融冰^⑩不识，日暖草丛生。丧礼微知孝，婚姻略备情。尸蛮

① 影本下多一"隶"字。

② 以上本《岛夷志略》。原文云："佛书所称王舍城是也，或云目连屋基犹存。"

③ 上二字原倒误，影本、朱本误同，今改。

④ 上二字朱本作"之害"。

⑤ 以上本《岛夷志略》。原文云："其尸头蛮女子害人，甚于占城。故民多庙事，而血祭之"云云。

⑥ 《岛夷志略》云："国王骑象或马，打红伞，从者百余人，执盾赞唱，曰亚或仆。"

⑦ 朱本、影本此下多一"异"字。

⑧ 原作"城"，从朱本、影本改。

⑨ 朱本作"居民"。

⑩ 原误"水"，从朱本、影本改。

尝粪秽，妖庙祭牺牲。部领鸣鸦导，蛮酋坐象行。棋楠从土产，花布恁商营。搜缉遗风俗，公余仔细评。

《纪录汇编》本

其国与占城山地连接。有双涧，水澄清。佛书所云舍卫乞食，即此地也。目连所居遗址尚存。人物、风土、草木、气候，与占城大同小异。惟丧事能持孝服，设佛而度死者，择僻地葬之。婚姻偶合。酋首出入，或象或马，一如占城。王从者前后百余人，执质赞唱，曰亚曰仆。地产棋楠香、象牙。货用金银、花布之属。民下编茅覆屋以居。

灵山（Cap Varella）

其处与占城山地连接。其山[①]峻领[②]而方，石泉下绕如[③]带。山顶有石块似佛头，故名灵山[④]。民居星散，结网为业。田土肥，耕种一岁二收。气候之节，男女之礼[⑤]，与占城大同小异。地产黑纹相对藤杖[⑥]，每条易斗锡一块，若粗大而纹疏者，一锡易杖三条。次有[⑦]槟榔、荖[⑧]叶，余[⑨]无异物。所产[⑩]。其往来贩舶，必于此樵汲[⑪]，以济日用。船[⑫]人斋沐三日，崇佛讽经，然放水灯彩船，以禳人船之灾。[⑬]

诗曰：

灵山方石领[⑭]，其下有泉流。寥落民居少，丰登谷米稠。放灯祈佛福，

---

① 上九字朱本、影本无。

② 朱本、影本作"岭"。

③ 上二字朱本、影本无。

④ 上十二字朱本、影本无。

⑤ 朱本、影本并作"规"。

⑥ 《岛夷志略》作"藤枝"。

⑦ 朱本、影本并作"得"。

⑧ 原作"萎"，朱本同，从影本及《岛夷志略》改。

⑨ 朱本、影本无"余"字。

⑩ 上二字三本皆有，疑衍，否则此下应有脱文。

⑪ 上二字朱本、影本作"汲水采薪"。

⑫ 朱本、影本并作"舶"。

⑬ 此条亦多采《岛夷志略》文。

⑭ 朱本、影本并作"岭"。

赛愿便商舟。藤杖山中出，鱼虾海内求。梵经曾睹此，今日一遨游。

《纪录汇编》本

其处与占城山地连接。其山峻岭而方，有泉下绕如带。山顶有一石块，似佛头，故名灵山。民居星散，结网为业。田肥，耕种一岁二收。气候之节，男女之礼，与占城大同小异。地产黑文相对藤杖，每条易斗锡一块，若粗大而纹疏者，一锡易杖三条。次有槟榔、蒌叶，余无异物。往来贩舶必于此樵汲。舶人斋沐三日，崇佛诵经，燃放水灯彩船，以禳人船之灾。

昆仑山（Pulo Condore）

其山节然瀛海之中，与占城及东西竺鼎峙相望。山高而方，根盘广[①]远，海人名曰昆仑洋[②]。凡往西洋商贩之舶[③]，必待顺风七昼夜可过。俗云："上怕七洲，下怕昆仑。针迷舵失，人船莫存。"[④] 此山产无异物，人无居[⑤]室，而食山果鱼虾，穴居树巢而已[⑥]。

诗曰：

鼎峙东西竺，节然瀛海区。惟愁针舵失，但念穴巢居。四季树生果，三餐虾与鱼。遐陬无别产，吟咏亦堪书。

《纪录汇编》本

其山节然瀛海之中，与占城及东西竺鼎峙相望。山高而方，山盘广远，海人名曰昆仑洋。凡往西洋贩舶，必待顺风七昼夜可过。俗云："上怕七洲，下怕昆仑。针迷舵失，人船莫存。"此山产无异物，人无居灶，而食山果鱼虾，穴居树巢而已。

---

① 朱本、影本作"旷"。

② "洋"字疑衍。

③ 上二字朱本、影本无。

④ 语出《岛夷志略》。

⑤ 原作"屋"，从朱本、影本改。

⑥ 末二字朱本、影本作"矣"。

交栏①山（Gelam Is.）

　　自占城、灵山起程，顺风十昼夜可至。②其山高而丛林藤竹，舵杆桅樯篷箬，无所不备。胡元之时，命将高兴、史弼领兵万众，驾巨舶征③阇婆国，遭风至于交栏④山下，其船多损。随登此山，造船百号，复征阇婆得胜⑤，擒其酋长而归⑥。至今民居有⑦中国人杂处，盖此时有⑧病卒百余留养不归，遂传育于此⑨。气候常暑，少米谷⑩，以射猎为业⑪。男女椎⑫髻，穿短衫，系巫仑布。地产豹、熊、鹿皮、玳瑁贸易之⑬。货用米谷、五色绢、青布、铜器、青碗之属。⑭

---

① 原作"拦"，从朱本、影本改。

② 上十四字，朱本、影本并旁注于国名下。

③ 朱本、影本作"往"。

④ 原作"拦"，从朱本、影本改。

⑤ 原脱"得胜"二字，从朱本、影本补。

⑥ 上二字，朱本作"四国是知此之"，影本作"四国是此知之"。

⑦ 此下朱本、影本多一"义"字。

⑧ 原脱"有"字，从朱本、影本补。

⑨ 上五字，朱本、影本作"而传生育也"。

⑩ 上三字，朱本、影本作"米谷稀少"。

⑪ 上五字朱本作"民好射为业"，影本作"民好射猎为业"。

⑫ 朱本、影本作"堆"。

⑬ 上三字，从朱本、影本补。

⑭ 此条多采《岛夷志略》"勾栏山"条之文。

诗曰 ①：

炎业交栏岛，丛林拥翠围。三春稀黍稷，四景有灾威。当脑盘鬐髻，
披肩挂短衣。熊皮多美丽，玳瑁甚稀奇。使节仍临莅，遗民亦愿归。遥观
瞻山海，得句乐心机。

《纪录汇编》本

自占城、灵山起程，顺风十昼夜可至。其山高，而丛林藤竹，舵杆桅
樯篷箬，无所不备。胡元时命将高兴、史弼领兵万众，驾巨舶征阇婆，因
遭风至交栏山下，其船多损。乃登此山，造船百号，复征阇婆，擒其酋长
而归。至今居民有中国人杂处，盖此时病卒百余留养不归，遂传育于此。
气候常暑，少米谷，以射猎为业。男女椎髻，穿短衫，系巫仑布。地产豹、
熊、鹿皮、玳瑁。货用米谷、五色珠、青布、铜器、青碗之属。

---

① 原脱诗，从朱本、影本补。

暹罗国（Siam）

自占城顺风十昼夜可至。①其国山形如城②，如③白石峭砺④。周围⑤千里，外山崎岖，内岭深邃。田平而沃，稼多⑥丰熟，气候常热。风俗劲悍，专尚豪强，侵掠邻境，削槟榔木⑦为标枪⑧，水牛皮为牌、药镞等器，惯习水战。男女椎⑨髻，白布缠头。穿长衫，腰束青花色布⑩手巾。其酋长及民下谋议⑪，大小之事，悉决于妇，其男一听苟合无序⑫，遇我⑬中国男子甚⑭爱之，必置酒致待而敬之⑮，欢歌留宿。妇人多为尼姑，道士皆⑯能诵经持斋，

① 影本国名下，旁注作"自占城起程顺风十昼夜可至"。
② 原脱"城"字，从朱本、影本补。
③ 朱本、影本无"如"字。
④ 朱本、影本作"岖"，《岛夷志略》作"厉"。
⑤ 朱本、影本并作"地周"。
⑥ 原作"稿"，从朱本、影本改。
⑦ 原作"槟木"，朱本、影本作"糠榔木"，今改。
⑧ 朱本、影本无"枪"字。
⑨ 朱本、影本作"堆"。
⑩ 原脱"色布"二字，从朱本、影本补。
⑪ 上八字，原作"其上下谋议"，从朱本、影本改。二本此下尚多"百物出入钱谷煮海为盐产"十一字，疑有错讹。
⑫ 上八字，朱本、影本作"其男一听可与牝鸡之鸣为合无序"十四字。
⑬ 原脱"我"字，从朱本、影本补。
⑭ 朱本、影本无"甚"字。
⑮ 上五字原作"饮待"二字，从朱本、影本改。
⑯ 原脱"皆"字，从朱本、影本补。

服色略似中国之制①，亦造②庵观之所③。能④重丧礼之事⑤，人死气绝⑥，必用水银灌养其尸，而后择高阜之地，设佛事，即⑦葬之。酿蔗⑧为酒，煮海为盐⑨，俗以海贝代钱通行⑩于市。每一万个准中统钞二十贯⑪。地产罗斛香，焚极清远，亚于沉香。次有⑫苏木、犀角、象牙、翠毛、黄蜡⑬、大风子油。货用青白花⑭磁器，印⑮花布、色绢、段匹、金银铜铁、烧珠、水银、雨伞之属。其酋感慕天朝远惠，尝遣使捧金叶表文贡献方物。⑯

诗曰：

海内暹罗国，山形似垒城。三春花草盛，九夏稻禾荣。竟日男安坐，移时妇决行。髻端罗布白，腰下束花青。失序人伦乱⑰，无条礼⑱法轻。富尊酋长贵，豪侠庶民横。香翠通商贩，海贝如钞行。蛮戎钦帝德，金表贡神京。

---

① 原脱"之制"二字，从朱本、影本补。

② 原作"在"字，从朱本、影本改。

③ 原脱"之所"二字，从朱本、影本补。

④ 朱本作"已"，影本作"以"。

⑤ 原脱"之事"二字，从朱本、影本补。

⑥ 上二字，朱本、影本作"之时"。

⑦ 原脱"即"字，从朱本、影本补。

⑧ 原误"林"，从朱本、影本改。

⑨ 上四字，朱本、影本无。

⑩ 原脱"行"字，从朱本、影本补。

⑪ 《岛夷志略》作"准中统钞二十四两"。

⑫ 原误"其看"，朱本误同。影本作"其有"，《岛夷志略》作"次"，今改。

⑬ 原误"腊"，从朱本改。

⑭ 朱本、影本无"花"字。

⑮ 朱本、影本无"印"字。

⑯ 末二十字朱本、影本无。此条多采《岛夷志略》文。

⑰ 原缺"乱"字，从朱本、影本补。

⑱ 影本作"理"。

《纪录汇编》本

自占城顺风十昼夜可至。其国山形如白石峭砺。周千里，外山崎岖，内岭深邃。田平而沃，稼穑丰熟，气候常热。风俗劲悍，专尚豪强，侵掠邻境，削槟榔木为标枪，水牛皮为牌药镞等器，惯习水战。男女椎髻，白布缠头。穿长衫，腰束青花手巾。其上下谋议，大小事悉决于妇。其男女听苟合无序，遇中国男子甚爱之，必置酒饮待，欢歌留宿。妇人多为尼姑，道士能诵经持斋，服色略似中国，亦造庵观。能重丧礼，人死气绝，必用水银灌养其尸，而后择高阜之地，设佛事葬之。酿林为酒，煮海为盐。地产罗斛香、大风子油、苏木、犀角、象牙、翠毛、黄蜡，以海贝代钱。每一万个准中统钞二十贯。货用青白花磁器、印花布、色绢、色段、金银铜铁、水银、烧珠、雨伞之属。其酋感慕天朝远惠，尝遣使捧金叶表文贡献方物。

爪^①哇国（Java）

古名阇婆。自占城起程，顺风二十昼夜可至其国^②。地广人稠，实甲兵器械，乃为东洋诸番之冲要^③。旧传鬼子魔天，正于此地，与一罔象青面红身赤发相合。凡生子百余，常食啖人血肉。佛书所云鬼国，即此地也。其中^④人被啖几^⑤尽，忽一日雷震石裂，中坐一人，众称异之，遂为国主，即领兵驱逐罔象而不为害。后复^⑥生齿而安业，乃至今国之移文后书一千三百七十六年。考之肇启汉初，传至我宣德七年。^⑦

港口以入去马头曰新村^⑧。居民环接，编茭^⑨樟叶覆屋，铺店连行为市，买卖聚^⑩集。其国富饶，珍珠、金银^⑪、鸦鹘、猫睛、青红等石，珲璪、玛瑙、

---

① 三本均作"瓜"，今改。

② 上十五字朱本、影本并旁注在国名下。

③ 上二字原作"雄"，今从朱本、影本改。

④ 上六字朱本、影本作"其中只此地也"。

⑤ 朱本、影本无"几"字。

⑥ 原作"设后"，影本同，从朱本改。

⑦ 罗以智云："《明史》云：'盖汉宣帝元康元年乃其建国之始也。'按元康元年丙辰，至宣德七年壬子，历二十五甲子，为一千四百九十七年，应肇启于东汉光武帝中元二年丁巳。"钧按："南海用塞迦纪年，晚于西历七十八年，其纪元之始，应在汉章帝建初四年，算至宣德七年，应为塞迦一千三百五十四年。此一千三百七十六年，当景泰五年。《明史》以汉宣帝元康元年为其纪元之始，盖史官之误算也。"

⑧ 《瀛涯胜览》云："新村番名曰革儿昔。"

⑨ 三本皆误"菱"，今改。

⑩ 原误"娶"，从朱本、影本改。

⑪ 朱本作"宝"。

豆蔻、荜茇①、栀②子花、木香、青盐，无所不有，盖在通商之处也。其鹦鹉、婴哥，驯能言语歌曲。其倒挂鸟身如雀大，被③五色羽，日间焚香于其傍，夜则张羽翼而倒挂，张尾翅而放香。

　　民俗好凶强，但生子一岁，则置刀于被④，名曰"不刺头"。以金银象牙雕刻为鞊⑤。凡男子自幼至老，贫富皆有，插于腰间。若有争论，不通骂詈，即拔⑥刀刺之，强者为胜。设被杀之，藏躲三日而出⑦，即无事也。男子猱头裸身，惟腰围单带⑧手巾。能饮酒酗⑨，重财⑩轻命。妇人亦然，惟项上金珠联纫带之，两耳塞荚⑪樟叶圈于窍中。其丧事，凡其主翁⑫之死，婢妾之众而对誓曰⑬："死则同往。"临殡之日，妻妾奴婢皆满头带花草，披五色手巾，随尸至海边或野地，将尸于沙地，得众犬食尽为好。如食不尽，则悲泣号歌。柴堆⑭于傍，众妇坐⑮其上，良久之际，纵火烧柴⑯而死，则殉葬之礼也。

① 上二字原作"菱"，朱本作"华菱"，影本作"荜茇"，《瀛涯胜览》"爪哇土产有荜拨"，则原脱"荜"字，而又误"茇"作"菱"矣。

② 原误"把"，从朱本、影本改。

③ 朱本、影本作"披"。

④ 朱本、影本作"背"。

⑤ 朱本、影本误"靴"，《瀛涯胜览》作"柄"。

⑥ 原误"按"，从朱本、影本改。

⑦ 此下原有"去"字，从朱本、影本删。

⑧ 影本同，朱本作"布"。

⑨ 影本同，朱本作"酗酒"。

⑩ 原误"则"，从朱本、影本改。

⑪ 原误"菱"，影本误同，从朱本改。

⑫ 原作"公"，从朱本、影本改。

⑬ 上四字，朱本作"相对而誓曰"。

⑭ 朱本作"堆柴"。

⑮ 原作"于"，从朱本改。

⑯ 上二字原倒误，从朱本、影本改。

苏鲁马益①，亦一村地名也，为市聚货商舶米粮港口。有洲聚猢狲数百，传闻于唐时，其家五百余口，男妇凶恶，忽一日有僧至其家，乃言吉凶之事，其僧取水噀之，俱化为猕②猴，止留其老妪不化。今存旧宅，本处及商者常设饮食、槟榔、花果、肉类而祭之，不然，则祸福甚有验也。此怪诞之事，本不可记③，尤可为之戒矣。

杜板一村，亦地名也。海滩有水一泓，甘淡可饮，称曰圣水。元时使将史弼、高兴因征其国，经月不下雨，舟中乏粮，军士失措。史、高④二将拜天祝曰："奉命伐蛮。如天与水即生，不与之则⑤死。"祝之，插枪咸⑥苦海滩，其泉水随枪涌出，水味甘甜，众军吸而饮之。乃令曰："天赐助尔。"兵威大振，喊声奋杀，番兵百万余众悉皆败走。遂已登岸，随杀随入，生擒番人煮而食之，至今称为中国能食人也。获囚酋长归国，服罪放归，改封为爪⑦哇国王也。钦遵我朝皇上遣正使太监郑和等节该赍⑧捧诏敕赏赐国王、王妃及其部领村王⑨，民下草木咸受天福。其国王臣既沐天恩，遣使络绎不停，擎捧金筒叶表文，贡献方物。

诗曰：

古是阇婆国，曾遭鬼母殃。震雷惊石裂，深穴见人藏。欢忏⑩皆知异，

---

① 《瀛涯胜览》一作"苏儿把牙"。今华侨名其地曰"泗水"。
② 原误"称"，罗校作"猿"，今从朱本、影本改。
③ 原误"计"，从朱本改。
④ 原作"高史"，从朱本、影本改。
⑤ 原作"即"，从朱本、影本改。
⑥ 三本皆作"醎"，今改。
⑦ 三本皆误"瓜"，今改。
⑧ 原误"斋"，影本作"賣"，从朱本改。
⑨ 三本皆作"王"，疑为"主"之误。
⑩ 原作"忬"，从朱本改。

扶持众立王。人民从教化，罔象被驱亡。妇女夸家富[①]，男儿纵酒强。婴哥时刷翠，倒挂夜分香。婚娶吹椰壳，人随御竹枪。田畴禾稼盛，商贾货财昌。洲上[②]猕猴聚，溪边祭祀忙。蛮夷遵圣诏，永世沐恩光。

《纪录汇编》本

古名阇婆。自占城起程，顺风二十昼夜可至其国。地广人稠，甲兵为东洋诸番之雄。旧传鬼子魔天与一罔象青面红身赤发相合。凡生子百余，常食啖人血肉。佛书所云鬼国，即此地也。其中人被啖几尽，忽一日雷震石裂，中坐一人，众称异之，遂为国主，即领余众驱逐罔象而除其害。复生齿安业，至今其国之遗文后书一千三百七十六年。考之肇在汉时，至我大明宣德七年矣。

其港口入去马头曰新村。居民环接，编茭樟叶覆屋，辅店连行为市买卖。其国富饶，珍珠、金银、鸦石、猫睛、青红等石，珲璪、玛瑙、豆蔻、荜菱、子花、木香、青蓝，无所不有，盖通商旅最众也。其鹦鹉、鹦哥、孔雀能驯言语歌曲。其倒挂鸟身形如雀，而羽五色，日间焚好香则收而藏之羽翼间，夜则张尾翼而倒挂以放香。

民好凶强，生子一岁便以匕首佩之，名曰"不剌头"。以金银象牙雕琢为靶，凡男子老幼贫富皆佩于腰间。若有争詈即拔刀相刺，盖杀人逃三日而出，即无事矣。男子猱头裸身，腰围单布手巾，能饮酏酒，重财轻命。妇人亦然，惟项金珠联纫带之，两耳塞茭樟叶圈于窍中。其丧事，凡主翁病死，婢妾辈相对而誓曰："死则同往。"临殡之日，妻妾奴婢皆满头簪草花，披五色手巾，随尸至海边或野地，舁尸于沙地，俾众犬食尽为好。如食不尽，则悲歌号泣。堆柴于旁，众妇坐其上，良久乃纵火烧柴而死，盖殉葬之礼也。

苏鲁马益，一地名也，为市聚货商舶来粮港口。有聚猢狲数百，相传

---

① 上二字原倒误，从朱本、影本改。
② 原缺"上"字，从朱本、影本改。

唐时其家五百余口，男妇凶恶，忽一日有僧至其家，与言吉凶之事，其僧取水噀之，俱化为猿猴，止留一老妪不化。今存旧宅，土人及商者常设饭食、槟榔、花果、肉类以祭之，不然则祸甚验也。

杜扳，一村之地名也。海滩有水一泓，甘淡可饮，称为圣水。元时使将史弼、高兴征其国，经月不下，舟中乏水粮尽。二将拜天祝曰："奉天伐蛮，若天与我水即生，不与则死。"遂插枪咸苦海中，其泉随枪涌起，水味甘甜，众军汲而饮之。乃令曰："天赐助我，可力战也。"兵威由是大振，喊声奋击，番兵百万余众悉败走。乘胜长驱，生擒番人烹而食之，至今称中国能食人也。遂获酋长以归，既服罪，寻放还，仍封为爪哇国王。我朝太宗文皇帝遣正使太监郑和等捧诏敕赏赐国王、王妃及部领村主咸受天赐。其国王遣使络绎进贡方物。

旧港（Palembang）

古名三佛齐国。自爪[①]哇国起程，顺风八昼夜至[②]。自港入去，田土甚肥，倍于他壤。古云："一季种谷，三季生金。"言其米谷盛而为金也[③]，民故富饶。俗嚣好淫。有操略，水战甚惯。其处水多地少，部领者皆在岸边，居室之用[④]匝民仆而宿，其余民庶皆置木筏上，盖屋而居。若近溪船，以木桩拴闸，设其水涨，则筏浮起，不能淹没也。或欲别居，起桩去之，连屋移拔，不劳其力。此处之民，爪[⑤]哇所辖，风俗与爪[⑥]哇大同小异。地产黄熟香、速[⑦]香、降香、沉香、黄蜡并鹤顶之类。货用烧炼五色珠、青白磁器、铜鼎、五色布绢、色段、大小磁器、铜钱之属。永乐三年，我朝太宗文皇帝命正使太监郑和等统领舟师往诸番国。海寇陈祖义[⑧]等聚众[⑨]三佛齐国，抄掠番商，亦来犯我舟师，被我正使深机密策，若张网获兽而殄[⑩]灭之，生擒厥魁，献俘阙下，由此海内振肃。

---

① 三本皆误"瓜"，今改。

② 上十二字，朱本、影本旁注在国名下。

③ 《岛夷志略》云："'一年种谷，三年生金。'言其谷变而为金也。"

④ 罗校作"周"。

⑤ 三本皆误"瓜"，今改。

⑥ 三本皆误"瓜"，今改。

⑦ 上二字原误"番速"，影本误"番迷"，从朱本改。

⑧ 原误"文"，从朱本、影本改。

⑨ 原脱"众"字，影本同。朱本作"众"，应脱"聚"字，今补。

⑩ 原误"珍"，从朱本、影本改。

诗曰：

濒海沙泥地，田禾熟倍金。男儿多狠暴，女子甚哇媱。地僻蛮夷逆，天差正使擒。俘囚献阙下，四海悉钦遵。

《纪录汇编》本

古名三佛齐国。自爪哇顺风八昼夜可至其处。自港口入去，田土甚肥，倍于他壤。古云："一年种谷，三年生金。"言其米谷盛而多贸金也，民故富饶。俗嚣好媱，水战甚惯。其处水多地少，部领者皆在岸造屋居之，周匝皆仆从住宿，其余民庶皆于木筏上盖屋而居，以木桩拴闸，或水长则筏浮起，不能没也。或欲别居，起桩去之，连屋移徙，不劳财力。今为爪哇所辖，风俗与爪哇大同小异。地产黄熟香、速香、降香、沉香、黄蜡、鹤顶之类。货用烧炼五色珠、青白磁器、铜鼎、五色布绢、色段、大小磁瓮、铜钱之属。永乐十三年郑和等统舟师往诸番国。海寇陈祖义等聚众于三佛齐国抄掠番商，欲来犯我舟师，和等伏兵败之，生擒厥魁，献俘阙下，由是薄海内外罔不清肃。

满刺加国（Malaka）

其处旧不称国。自旧港起程，顺风①八昼夜至此②。傍海居之③，山孤人少。受降于暹罗，每岁输金四十两，以为纳税。田瘠少收。内有一山泉流溪下，民以流中淘沙取锡，煎销成块，曰"斗块④"，每块重官秤一斤四两。及织蕉心簟，惟以斗锡通市，余无产物。气候朝热暮寒。男女椎⑤髻，身肤黑漆，间有白者，唐人种也。俗尚淳厚，以淘钓⑥于溪，网⑦渔于海。房屋如楼阁，即不铺设，但有不⑧条稀布，高低层次，连床就榻，箕倨⑨而坐，饮食厨厕俱在其上也。货用青白磁器、五色烧珠、色绢、金银之属。永乐七年，皇上命正使太监郑和等赍⑩捧诏敕，赐以双台银印、冠带袍服，建碑封域⑪，为满刺加国，其暹罗始不敢扰。永乐十三年⑫，酋长感慕圣恩，挈妻携子贡献万物，涉海朝谢，圣上赏劳归国。

---

① 上二字原无，从朱本、影本补。
② 上十二字朱本、影本并旁注在国名下。
③ 上二字原倒误，从朱本、影本改。
④ 原误"魁"，罗校作"锡"，今从朱本、影本改作"块"。
⑤ 三本皆作"堆"，罗校作"椎"，今从之。
⑥ 原误"淘钓"，朱本误"陶钓"，从影本改。
⑦ 原误"纲"，从朱本、影本改。
⑧ 三本皆作"不"，疑为"木"之误。
⑨ 原作"居"，从朱本改。
⑩ 原误"齐"，从朱本改。
⑪ 朱本作"城"。
⑫ 原作"七年"，罗校作"十三年"，与影本合，今从之。朱本作"十二年"，亦误。

诗曰：

满剌村寥落，山孤草木幽。青禾田少种，白锡地多收。朝至热如暑，暮来凉似秋。嬴①形漆肤体，椎②髻布缠头。盐煮海中水，身居栅上楼。夷区风景别，赋咏采其由。

《纪录汇编》本

其处旧不称国。自旧港顺风八昼夜可至。其国傍海，山孤人少。受弱于暹罗，每岁输金四十两为税。田脊少收。内有山泉流为溪，于溪中淘沙取锡，煎成块，曰"斗锡"，每块重官秤一斤四两。及织芭蕉心簟，惟以斗锡通市，无他产。气候朝热暮寒。男女椎髻，身肤黑漆，间有白者，唐人种也。俗尚淳厚，民淘锡、网鱼为业。屋如楼阁，而不铺板，但用木高低层布，连床就榻，箕踞而坐，饮食厨厕俱在上。货用青白磁器、五色烧珠、色绢、金银之属。永乐七年，郑和等捧诏敕赐银印冠带袍服，建碑封为满剌加国，暹罗始不敢扰。十三年，酋长感慕圣恩，挈妻子涉海入朝，贡方物，赏劳之，使归国。

---

① 疑为"嬴"之误。

② 三本皆作"堆"，罗校作"椎"，今从之。

九洲^①山（Pulo Sembilan）^②

其山与满剌加国接境。产沉香、黄熟香。水^③木丛生，枝叶茂翠。永乐七年，正使太监郑和等差官兵入山采香，得径有^④八九尺、长八九丈者六株，香清味远，黑花细纹，其实罕哉！番人皆张目吐舌，悉皆称赞天兵之力，巍巍之神，蛟龙^⑤走，兔^⑥虎奔也。

诗曰：

九洲^⑦山色秀，远见郁苍苍。四面^⑧皆环海，满枝都是香。树高承雨露，岁久表^⑨祯祥。采伐劳天使，回朝献帝王。

《纪录汇编》本

其山与满剌加近。产沉香、黄熟香。林木丛生，枝叶茂翠。永乐七年，郑和等差官兵入山采香，得径有八九尺、长六七丈者六株，香味清远，黑

---

① 原作"州"，从朱本、影本改。

② 南海群岛中名九洲者不只一处，伯希和谓此九洲应在苏门答剌岛淡洋（Tamiang）港之南。惟本条有"其山与满剌加国接境"语，所指者似为马来半岛之九洲山。

③ 疑为"林"之讹。

④ 上五字原作"采得有径"四字，从朱本改。影本同朱本，惟误"径"作"经"。

⑤ 原脱"龙"字，从朱本补。

⑥ 原脱"兔"字，从朱本、影本补。

⑦ 原作"州"，从朱本、影本改。

⑧ 朱本作"鄙"，影本误"海"。

⑨ 原误"岁"，朱本缺，从影本改。

花细纹。山人张目吐舌，言我天朝之兵威力若神。

苏门答剌国（Sanmudra）^①

古名"须文达那"^②，与花面国相近。村落傍海，田瘠少收。胡椒广产，椒藤延附树木而生，其叶如匾豆^③，其花开黄白，结椒乃累垂如棕榈子而粒少也。只番秤一播荷^④，抵我^⑤官秤三百二十斤，价银钱二十个，重银^⑥六两。"金抵纳"^⑦，即^⑧金钱也，每四十八个，重金一两四分^⑨。风俗颇淳。民下网鱼为生，朝驾独木刳舟张帆而出海，暮则回舟。男子头缠白布，腰围折布，妇女椎^⑩髻裸体，腰围色布手巾。产鹤顶。其瓜、茄、橘、柚酸甜之果，一种五年常花常结。有一等果，皮若荔枝^⑪，如瓜大，未剖之时，甚如烂蒜之臭，剖开取囊如酥油^⑫，美香可口^⑬。煮海为盐。货用青白磁器、

---

① 今地在苏门答剌岛西北（Pasè）河沿岸。《明史》谓后改名曰哑齐（Achin），误也。

② 《岛夷志略》作"须文答剌"。

③ 原误作"额"，影本作"荳"，从朱本改。

④ 原误"菁"，影本误同，朱本作"苟"，从《瀛涯胜览》"柯枝"条译名改。

⑤ 原作"家"，影本同，从朱本改。

⑥ 原误"钜"，影本误同，从朱本改。

⑦ 《瀛涯胜览》作"底那儿"。

⑧ 原误"银"，影本误同，从朱本改。

⑨ 影本同，《西洋朝贡典录》亦作"壹两四分"，惟朱本及四卷本作"五两二钱"。

⑩ 三本皆作"堆"，今改。

⑪ 此下原多"皮若荔枝"四字，影本同，从朱本删。

⑫ 原脱"油"字，从朱本、影本补。

⑬ 原脱"可口"二字，从朱本补。

铜钱、金银、爪^①哇布、色绢^②之属。永乐十一年，伪王苏干^③剌寇窃其国，王遣使赴阙^④陈诉请救，上命正使太监郑和等统率官兵剿捕，生擒伪王。至永乐十三年归献阙下，诸番振服。

诗曰：

一览苏门境，山泉划^⑤界流。胡椒林抄结，民屋海边幽。地瘠^⑥收禾薄，山高产木稠。三春沾雨浩，四季瘴烟浮。男子头缠布，婴孩体木猴。瓜茄常岁有，橘柚不时收。朝热浑^⑦如暑，暮寒还似秋。精盐色霜雪，臭果味酥油。若个夷风俗，中华^⑧解此否。

《纪录汇编》本

古名"须文达那"。自满剌加顺风九昼夜可至。其国傍海村落，田瘠少收。胡椒蔓生，延蔓附树，枝叶如扁豆，花间黄白，结椒累垂如棕榈子但粒小耳。番秤一播荷，抵我官秤三百二十斤，价银钱二十个，重银六两。"金抵纳"，即金钱也，每二十个重金五两二钱。风俗颇淳。民网鱼为生，朝驾独木刳舟张帆出海，暮则回舟。男子发缠白布，腰围梢布，妇女椎髻裸体，腰围色布手巾。其瓜茄一种五年结子再种，橘柚酸甜之果常花常结。其有一等瓜，皮若荔枝，如瓜大，未剖之时甚臭，如烂蒜，剖开如囊，味如酥油，香甜可口。煮海为盐。酿茭樟子为酒。货用青白磁器、铜铁、爪哇布、色绢之属。永乐十一年，伪王苏干剌寇侵本国，酋长遣使赴阙陈诉请救，太宗皇帝命

---

① 三本皆作"瓜"，今改。

② 上五字原作"瓜哇瓜色"。"色绢"，从朱本、影本改。

③ 原脱"干"字，从朱本补，影本作"斡"。

④ 原误"关"，朱本误同，从影本改。

⑤ 原误"割"，从影本改。

⑥ 原误，从朱本、影本改。

⑦ 原缺"浑"，从朱本、影本补。

⑧ 原误"莘"，从朱本、影本改。

郑和等就率官兵剿捕，生擒伪王。至永乐十三年归献阙下，诸番震服。

花面国（Battak）①

其处与苏门答剌国接境。逶迤②山地，田足稻禾。气候不常，风俗尚③厚。男女大小皆以黑汁刺面，为花兽之状④。猱头裸体，单布围腰。孳生牛羊，鸡鸭罗布⑤。强不夺弱，上下自耕自食，富不倚骄，贫不生盗，可为一区之善⑥也。⑦

诗曰：

蛮域观风异，融和草木深。山高分地界，物阜慰民心。腰布羞还掩，颜花墨半侵。牛羊迷绿野，鸡鸭卖黄金。颇富知仁义，虽贫肯滥媱？那堪采夷俗，援笔写新吟。

《纪录汇编》本

其国与苏门答剌邻境，傍南巫里洋。逶迤山地，田足稻禾。气候不常，风俗淳厚。男子皆以墨刺面，为花兽之状。猱头裸体，单布围腰。妇女围色布，披手巾，椎髻脑后。地多出牛羊，鸡鸭罗布。强不夺弱，上下自耕而食。

---

① 《瀛涯胜览》一作"那孤儿"。

② 原误"远迤"，影本误同，罗校作"逶迤"，今从之。朱本作"迤逦"，殆为"迤逦"之误。

③ 朱本作"淳"。

④ 上五字原作"花兽之面"，影本同，今从朱本改。

⑤ 原误"市"，影本误同，从朱本改。

⑥ 原误"宜"，影本误同，从朱本改。

⑦ 罗以智云："按《说海》本末有'地产香味，青莲花近布，那孤儿一山产硫黄。我朝海船驻扎苏门答剌，差人于其山采取硫黄，货用段帛磁器之属。'"

富不骄，贫不盗，可谓善地矣。地产香味青莲花近布。那姑儿一山产硫黄。我朝海船驻札苏门答剌，差人船于其山采取硫黄。货用段帛磁器之属。其酋长感慕恩赐，常贡方物。

龙牙犀角（Lenkasuka）①

其地内平而外尖，民下蚁附而居之。气候常热，田禾勤熟。俗尚淳厚。男女椎②髻，围麻逸③布，穿短衫。以亲戚尊长为重，一日不见，则携酒④持肴而问安。煮海为盐，酿秫为酒。地产沉速⑤、降真、黄熟香、鹤顶、蜂蜜、砂糖。货用土印布、八都刺布、青白磁器之属。⑥

诗曰：

遥望兹山势，龙牙犀角⑦峰。居民⑧如蚁附，椎⑨髻似猴容。汲海盐煎雪，悬崖密掇蜂。布稍围⑩体厚，秫米造浆浓。气候常同夏，林花不⑪较冬。问安行礼节，千载见遗风。

---

① 地在马来半岛，古之狼牙修也。

② 三本皆作"堆"，今改。

③ 原作"迤"，从朱本、影本改。

④ 原误"手"，从朱本、影本改。

⑤ 原误"迷"，影本误同，朱本作"连"，今改。

⑥ 罗以智按：《说海》本首有"离麻逸冻顺风三昼夜程"。

⑦ 原误"象"，从朱本、影本改。

⑧ 原倒误作"民居"，从朱本、影本改。

⑨ 三本皆作"堆"，今改。

⑩ 原误"为"，影本误同，从朱本改。

⑪ 原误"夏"，从朱本、影本改。

《纪录汇编》本 [①]

其地离麻逸冻顺风三昼夜程。内平而外峰，民蚁附而居。气候常热，田禾勤熟。俗尚敦厚。男女椎髻，围麻逸冻布，穿短衫。以亲戚尊长为重，一日不见，则携酒肴问安。煮海为盐，酿秫为酒。地产沉速、降香、黄蜡、鹤顶、蜂蜜、砂糖，货用印花布、八察都布、青白花磁器之属。

---

① 地名作"龙牙加貌"。

龙涎屿（Bras Is.）

独然南立海中①，此屿浮艳海面，波击云腾②。每至春间，群龙所③集，于上交戏，而遗涎沫。番人乃架独木舟登此屿，采取而归。设遇风波，则人俱下海，一手附舟傍，一手楫水而至岸也。其龙涎初若脂胶，黑黄色，颇有鱼腥④之气，久则成就大泥⑤。或大鱼腹中剖出，若斗大⑥圆珠，亦觉鱼腥⑦，间焚之，其发清香可爱。货于苏门之市，价亦非轻，官秤一两，用彼国金银十二个，一斤该金钱一百九十二个，准中国铜⑧钱四万九十⑨文，尤其贵也。

诗曰：

一片平方石，群龙任往还。身腾⑩霄汉上，交戏海波间。吐沫人争取，拿舟路险难。边夷曾见贡，欢笑动天颜。

---

① 应从四卷本作"独立南巫里洋中"。

② 原误"被击云滕"，影本作"彼击云腾"，从朱本改。罗改作"波激云腾"。

③ 朱本作"来"。

④ 原作"鲤"，从朱本、影本改。

⑤ 影本同，朱本作"块"。

⑥ 上二字原作"团"，从朱本、影本改。

⑦ 原作"鲤"，影本同，从朱本改。

⑧ 此下多一"铜"字，应衍。

⑨ 朱本作"千"。

⑩ 原误"胜"，从朱本、影本改。

《纪录汇编》本

望之独峙南巫里洋之中。离苏门答剌西去一昼夜程。此屿浮滟海面，波激云腾。每至春间，群龙来集，于上交戏，而遗涎沫。番人拿驾独木舟，登此屿，采取而归。或风波，则人俱下海，一手附舟旁，一手揖水而得至岸。其龙涎初若脂胶，黑黄色，颇有鱼腥气，久则成大块。或大鱼腹中刺出，若斗大，亦觉鱼腥，焚之清香可爱。货于苏门答剌之市。官秤一两。用彼国金钱十二个，一斤该金钱一百九十二个。准中国铜钱九千个，价亦非轻矣。

翠蓝屿（Nicobar Is.）

其山大小有七门，中可行①船。传闻释迦佛经此山，浴于水，被窃其袈裟，佛誓②云："后有穿衣者，必③烂④皮肉。"由此男女削发无衣，仅⑤有树叶纫结而遮前后。米谷亦无，惟在海网捕鱼虾，及蕉、椰子之为食唉也。⑥然⑦闻此语，未可深信。然其往来未得泊其山下。宣德七年壬子十月二十三日，风雨水不顺，偶至此山，泊系三日夜，山中之人驾独木舟来货椰实，舟中男妇果如前言，始知不谬矣。⑧

诗曰：

浩荡翠蓝屿，丛林茂不疏。人形真兽类，椰实似瓜粗。腰掩草微有，头髡发竟无。几⑨番挥笔写，堪记不堪图。

---

① 朱本、影本作"过"。

② 原作"誓"，影本作"势"，从朱本改。

③ 原脱"必"字，从朱本、影本补。

④ 朱本下多一"其"字。

⑤ 朱本、影本作"近"。

⑥ 此岛首见义净《大唐西域求法高僧传》卷下，名曰"裸人国"。《瀛涯胜览》名曰"裸形国"。附见"锡兰"条。

⑦ 影本同，朱本作"虽"。

⑧ 罗以智云："按《说海》本首有'在龙涎之西北五昼夜程'"。

⑨ 原误"机"，从朱本、影本改。

《纪录汇编》本

其山在龙涎之西北五昼夜程。大小七门，门中皆可过船。传闻释迦佛昔经此山，浴于水，被窃其袈裟，佛誓云："后有穿衣者，必烂其皮肉。"由此男女今皆削发无衣，止用树叶纫结而遮前后。米谷亦无，惟下海网鱼虾及种芭蕉、椰子为食。然船去未尝得泊山下。宣德壬子十月二十二日，因风水不偶至此山泊系三日夜，山中之人驾独木舟来贸椰实。舟中男妇果如前言。

锡兰山国（Silan, Ceylan）

其国地广人稠，货物各[①]聚，亚于爪[②]哇。国有高山，参天之丛山。山顶产有青美盘石、黄雅鹘石、青红宝石，每遇大雨，冲流山下沙中寻拾得者。其海傍有珠帘沙，常此[③]网取螺蚌，倾入珠池内，作烂淘珠为用而货也。海边有一盘[④]石，上印足迹，长三尺许，常有水不干，称为先世释迦佛从翠蓝屿来登此岸，足蹑[⑤]其迹，至今为圣迹也。山下有一寺，称为释迦佛涅槃真身在寺侧卧尚存，亦有舍利子在其寝处。气候常热。俗朴富饶，米谷足收。地产宝石、珍珠、龙涎、乳香，货用金银铜钱、青花白磁、色段色绢之属。男女缠头，穿长衫，围单布。永乐七年，皇上命正使太监郑和等赍捧诏敕、金银、供器、彩妆、织金宝幡，布施于寺，及建石碑[⑥]以崇皇图之治，赏赐国王头目。其王亚烈苦柰儿[⑦]负固不恭，谋害舟师。我正使太监郑和等深机密策，暗设兵器，三令五申，使众衔枚[⑧]疾走，夜半之际，信炮一声，奋勇

---

① 四卷本作"多"。

② 三本皆作"瓜"，今改。

③ 朱本作"以"。

④ 原误"磬"，从朱本、影本改。

⑤ 原误"嗘"，从朱本、影本改。

⑥ 此碑已在民国初年发现。吾友向觉明达近从伦敦抄寄碑文。首曰"大明皇帝遣太监郑和、王清濂等昭告于佛世尊"云云，后列布施金银织金纻丝宝幡香炉花瓶采丝表里灯烛等物。末题"永乐七年岁次己丑二月甲戌朔日谨记"。下有番字，一种是 Tamil 文，一种是波斯文。惟山本达郎在《郑和西征考》（《东洋学报》第二十一卷）中谓所见此碑拓本，第二人名作王贵通。

⑦ 原误"亚列若茶鬼"，朱本同，惟"列"作"烈"。影本作"亚烈苦茶鬼"，并误，今改正。

⑧ 原误"救"，从朱本、影本改。

杀入，生擒其王。至永乐九年，归献阙下。^①寻蒙恩宥，俾复归国，四夷悉钦。^②

诗曰：

地广锡兰国，营商亚爪^③哇。高峰生宝石，大雨杂泥沙。净水宜眸子，神光卧释迦。池深珠灿烂，枝茂树交加。出物奇偏贵，遗风富且奢。立碑当圣代，传诵乐^④无涯。

《纪录汇编》本

其国自苏门答剌顺风十二昼夜可至。其国地广人稠，货物多聚，亚于爪哇。中有高山参天。山顶产有青美蓝石、黄鸦鹘石、青红宝石。每遇大雨，冲流山下沙中拾取之。其海旁有珠帘沙，常以网取螺蚌倾入池中，作烂淘珠货之。海边有一盘石，土印足迹，长三尺许，常有水不干，称为先世释迦佛从翠蓝屿来登此山，足蹑其迹，至今常存也。下有寺，称为释迦佛涅槃真身侧卧在寺，亦有舍利子在其寝处。气候常热。民俗富饶，米谷丰足。地产宝石、真珠、龙涎香、乳香。货用金钱铜钱、青花白磁器、色段色绢之属。男女绕头，穿长衫，围单布。永乐七年郑和等赍诏敕、金银、供器、彩妆、织金宝幡，布施于寺。及建石碑，常赐国王头目。其王亚烈苦奈儿负固不供，谋害舟师。太监郑和潜备，先发制之，使众衔枚疾走，半夜闻炮，则奋击而入，生擒其王。至永乐九年归献阙下。寻蒙恩宥，俾复旧国。由是西夷畏威怀德，莫不向化矣。

---

① 《明太宗实录》卷一一六记载此役较详。
② 罗以智云："按《说海》本，首有'自苏门答剌顺风十二昼夜可至'。"
③ 三本皆作"瓜"，今改。
④ 上二字原缺，从朱本、影本补。

小唄喃国（Kulam, Qulion）①

山连赤土，地接下里②，日中为市，西洋诸国之马头也。本国流通使用金钱名"倘伽"，数③个重八分。金钱名"吧喃"④，四十个准大金钱一个，以便民也。田瘠⑤而谷少，岁籍⑥榜葛剌米足食。气候⑦常热，风淳俗美，男少女多，有南毗⑧人。地产胡椒，亚于下里⑨。干槟榔、波罗蜜、色布、其木香、乳香、真珠、珊瑚、酥油、孩儿茶、栀⑩子花，皆自他国也。货用丁香、豆蔻、苏木、色段、麝香、金银铜器、铁线、黑铅之属。

诗曰：

西海唄喃国，诸番货殖通。人情应各别，花木总⑪相同。珠子光涵⑫白，珊瑚色润红。何由男与女，混杂自遗风。

---

① "小唄喃"译名出《岛夷志略》，《明史》作"小葛兰"，出《瀛涯胜览》。

② 三本皆作"下里"，罗校改作"古里"，误。下里城昔在印度西岸 Cannanore，今废。元时《马可·波罗行记》已有著录。

③ 三本皆作"数"，应从四卷本作"每"。

④ 《瀛涯胜览》"柯枝"条作"法南"，"古里"条作"吧南"。

⑤ 原误，从朱本、影本改。

⑥ 三本皆作"籍"，疑为"藉"之误。

⑦ 原误"俱"，从朱本改。

⑧ 朱本作"喃毗"，影本作"南北"，《诸番志》亦作"南毗"。

⑨ 三本皆作"下里"，罗校改作"古里"，误。

⑩ 原误作"梔"，从朱本、影本改。

⑪ 原误"花毯相"，朱本作"花木税"，从影本改。

⑫ 原误"湮"，影本误"咂"，从朱本改。

《纪录汇编》本 [①]

山连赤土，地与柯枝国接境，日中为市，西洋诸国之马头也。本国通使大金钱名"偿伽"，每个重八分。小金钱名"吧喃"，四十个准大金钱一个。田瘠少收，岁借榜葛剌国米为食。气候常热，风俗小淳。男女多回回喃毗人。地产胡椒，亚于下里。干槟榔、波罗蜜、色布、其木香、乳香、真珠、珊瑚、酥油、孩儿茶、栀子花，皆自他国来也。货用丁香、豆蔻、色段、麝香、金银铜铁器、铁线、黑缨之属。

---

① 国名作"小葛兰"。

柯枝国（Koči, Cochin）

其处与锡兰山国对峙。气候常热，田瘠少收，村落傍海。风俗颇淳。男女椎[①]髻，穿短衫，围单布。其有一种曰"木瓜"，无屋居之，惟穴居树巢，临海捕鱼为业。男女裸体，纫结树叶或草数茎，遮其前后之羞。行路遇人，则蹲缩于[②]道傍，伺过方行也。地产胡椒甚广，富家俱置板仓贮之，以售商贩。行使小金钱名"吧喃"。货用色段、白丝、青白花磁器、金银之属。

诗曰：

嗟彼柯枝国，山连赤卤场。穴居相类兽，市集更通商。米谷少收实，胡椒积满仓。恩宣中使至，随处识蛮乡。

《纪录汇编》本

其处与锡兰山对峙，内通古里国界。气候常热，田瘠少收，村落傍海。风俗颇淳。男女椎髻，穿短衫，围单布。又一种曰"木瓜"，无屋舍，惟穴居巢树，入海渔鱼为业。男女裸体，纫结树叶或草遮其前后。行人遇人，则蹲避道傍，俟过方行，盖避羞也。地产胡椒甚广，富家俱置板仓贮之，以售商贩。行使小金钱名"吧喃"。货用色段、白丝、青花白磁器、金银之属。其酋长感慕圣恩，常贡方物。

---

① 三本皆作"堆"，今改。
② 原脱"于"字，从朱本、影本补。

古里国（Kalikut, Calicut）①

当巨②海之要，与僧伽③密迩④。亦西洋诸番之马头也。山广田瘠，麦谷颇足。风俗甚厚，行者让路，道不拾遗。法无刑杖，惟以石灰划地，乃为禁令。酋长富居深山。傍海为市，聚货通商。男子穿长衫⑤，头缠白布。其妇女穿短衫，围色布，两耳悬带金牌络索⑥数枚，其项⑦上珍珠、宝石、珊瑚连⑧挂璎珞，臂腕足胫皆金银镯，手足指皆金厢宝石戒指，髻堆脑后，容白发黑，娇美可观。其有一种裸身之人曰"木瓜"，与柯枝同。地产胡椒，亚于下里，俱有仓廪贮之，待商之贩。有蔷薇露、波罗蜜、孩儿茶、印花被面手巾，其有珊瑚、珍珠、乳香、木香、金箔⑨之类，皆由⑩别国而⑪来。其国能蓄好马，自西番而来，动经钱千⑫百为匹。其国若西番马来，本国马来，不买则议为国空之言也。货用金银、色段、青花白磁器、珍珠、麝香、

① 《岛夷志略》作"古里佛"。

② 原误"居"，从朱本、影本改。

③ 《岛夷志略》作"僧加剌"，即锡兰山之梵名。此处"僧迦"应是"僧加剌"之省称。

④ 三本皆误"通"，从《岛夷志略》改。

⑤ 原缺"衫"字，从朱本、影本补。

⑥ 原误"洛色"，罗校改作"络索"，与朱本合，影本误"洛索"。

⑦ 原误"顶"，从朱本、影本改。

⑧ 原脱"连"字，从朱本、影本补。

⑨ 应从四卷本作"珀"。

⑩ 原误"有"，从朱本、影本改。

⑪ 原作"之"，朱本同，从影本改。

⑫ 原误"十"，从朱本、影本改。

水银、樟脑之属。[①]

诗曰：

古里通西域，山青景色奇。路遗他不拾，家富自无欺。酋长施仁恕，人民重礼仪。将书夷俗事，风化得相宜。

《纪录汇编》本

锡兰山起程，顺风十昼夜可至。其国当巨海之要屿，与僧迦密迩。亦西洋诸国之马头也。山广地瘠，麦谷颇足。风俗甚厚，行者让路，道不拾遗。法无刑杖，惟以石灰画地，乃为禁令。其酋富居深山。傍海为市，聚货通商。男子穿长衫，头缠白布，妇女穿短衫，围色布。两耳悬带金牌络索数枚，其项上真珠、宝石、珊瑚连挂缨络，臂腕足胫皆金银镯，手足指皆金银厢宝石戒指。发堆脑后，容白发黑。其有一种裸身之人曰"木瓜"，与柯枝国同。地产胡椒，亚于下里，俱有仓廪贮之，以待商贩。有蔷薇露、波罗蜜、孩儿茶、印花被面手巾，其有珊瑚、真珠、乳香、木香、金珀之类，皆由别国来。其好马自西番来，匹价金钱千百。货用金银、色段、青花白磁器、烧珠、麝香、水银、樟脑之属。酋长感慕圣恩，常遣使捧金叶表文贡献方物。

---

① 罗以智按：《说海》本首有"锡兰山起程顺风十昼夜可到"。

忽鲁谟斯国（Ormuz）

其国傍海而居，聚民为市。地无草木，牛、羊、马、驼^①皆食海鱼之干。风俗颇淳。垒石为城，酋长深居，练兵畜马。田瘠麦广，米谷少收，民下富饶。山连五色，皆是盐也。凿之旋为器皿^②盘碟之类，食物就而不知盐也。垒堆石而^③为屋，有三四层者，其厨厕卧室待客之所，俱在上也。男子拳发，穿长衫，善弓矢骑射。女子编发四垂，黄缭^④其项，穿长衫。^⑤出则布幔^⑥兜头，面用红青纱一方^⑦蔽之，两耳轮用^⑧挂珞璩金钱数枚，以青石磨水，妆点眼眶唇脸花纹为美。项挂宝石、真珠、珊瑚，纫为璎珞。臂腕腿足俱金银^⑨镯，此富家之规也。行使金银钱，产有真珠、金珀、宝石、龙涎香、撒哈剌、梭眼、绒毯。货用金银、青白花磁器、五色段绢、木香、金银香^⑩、檀香、胡椒之属。^⑪

---

① 原误"驰"，影本同，朱本作"驮"，从四卷本改。

② 原脱"皿"字，从朱本补。

③ 原脱"而"字，从朱本、影本补。

④ 四卷本作"漆"。

⑤ 自"善"字以下十八字，从朱本、影本补。

⑥ 三本均误"慢"，今改。

⑦ 原误"万"，从朱本、影本改。

⑧ 朱本作"各"，四卷本作"周"。

⑨ 原脱"银"字，从朱本、影本补。

⑩ 原脱"香"字，从朱本、影本补。《诸番志》译名作"金颜香"（kamanyan）。

⑪ 罗以智按：《说海》本首有"自古里国十昼夜可至"。又按：《明史》"自古里西北行二十五日可至"。

诗曰：

忽鲁谟斯国，边城傍海居。盐山高峚^①崒，酋长富盈余。原隰唯收麦，牛羊总食鱼。女缠珠珞索，男坐翠氍毹。玛瑙珊瑚广，龙涎宝石珠。蛮邦成^②绝域，历^③览壮怀舒。

《纪录汇编》本

自古里国十昼夜可至。其国傍海居，聚民为市。地无草木，牛、羊、驼、马皆食海鱼干。或言深山中亦有草木。风俗颇淳。垒石为城，酋长深居，练兵畜马。田瘠，麦广谷少，民富饶。山连五色，皆是盐也。凿之旋为盘碟碗器之类，食物就用而不加盐矣。垒石为屋，有三四层者，其厨厕卧室待客之所俱在上。男子拳发，穿长衫，善弓矢骑射。女子编发四垂，黄漆其顶。出则布幔兜头面，用青红纱布以蔽之，两耳轮周挂络索金钱数枚，以青石磨水，妆点眼眶唇脸花纹以为美饰。项挂宝石、真珠、珊瑚，纫为缨络。臂腕腿足皆金银镯，此富人也。行使金银钱，产有真珠、宝石、金珀、龙涎香、撒哈刺、梭腹、绒毯。货用金银、青花磁器、五色段绢、木香、胡椒之属。其酋长感恩赐，躬献方物。

---

① 影本同，朱本作"峰"。
② 原脱"成"字，从朱本、影本补。
③ 原衍一"历"字，今删。

剌撒国（al-Ahsā?）[①]

倚海而居，土[②]石为城。连山旷地，草木不生，牛、羊、驼、马皆食鱼干。民俗颇淳[③]。气候常热，田瘠少收，唯麦略有。数年无雨，凿井绞车，羊皮袋水。男女拳发，穿长衫，妇人妆点兜头，与忽鲁谟斯国同。垒石筑土为屋，三四层者，其上厨灶东厕卧室待客，其下奴仆居之。地产龙涎香、乳香、千里骆驼，余无物也。货用金银、色段、色绢、磁器、米谷、胡椒之属。[④]

诗曰：

海丘名剌撒，绝雨亦无寒。层石垒高屋，狂涛激远滩。金银营土产，驼马食鱼干。虽有龙涎货，蛮乡不可看。

《纪录汇编》本

自古里国顺风二十昼夜可至。其国傍海而居，垒石为城。连山旷地，草木不生，牛、羊、驼、马皆以海鱼干啖之。气候常热，田瘠少收，惟有麦耳。数年无雨，凿井绞车，羊皮袋水。男女拳发，穿长衫，妇女妆点兜头，与忽鲁谟斯国同。垒石筑土为屋，三四层者，其上厨厕卧室待客，其下奴仆居之。地产龙涎香、乳香、千里骆驼。民俗淳厚，丧葬有礼，有事祷于鬼神。

---

① 旧考谓即波斯湾中之al-hsā。伯希和（《通报》第三十一卷）云对音虽未尽合，比附颇有可能。

② 朱本作"垒"。

③ 影本作"厚"。

④ 罗以智云：按《说海》本有"自古里国顺风二十昼夜可至"。

其酋长感慕圣恩，遣使捧金叶表文奉贡方物。货用金银、段绢、磁器、米谷、胡椒、檀香、金银之属。

榜葛剌国（Bangala, Bengal）

其处曰西^①印度之地。西通金刚宝座，曰^②"绍纳福儿"^③，乃释迦佛得道之所。永乐十年并永乐十三年，二次上命太监侯显等^④统领舟师，赍捧诏敕，赏赐国王、王妃、头目，至其国海口，有港曰察地港^⑤。立抽分之所。其王知我中国宝^⑥船到彼，遣部领赍衣服等物^⑦，人马千数迎接。港^⑧口起程十六站至锁纳儿江^⑨，有城池街市，聚货通商。又差人^⑩赍礼象马迎接，再行二十站，至板^⑪独哇^⑫，是酋长之居处。城郭甚严，街道铺店，连楹接栋，聚货甚有。其王之居，皆砖石甃砌高广，殿宇平顶^⑬，白灰为之。入去

---

① 应从《明史》卷三二六《榜葛剌传》作"东"。

② 原误"日"，从朱本、影本改。

③ 《明史》卷三二六有传，作"沼纳朴儿"（Jaunpur）。

④ 据卷首行程表，永乐十年使榜葛剌者是少监杨敕。此处疑有脱文。原文殆作"上命少监杨敕太监侯显等"。

⑤ 《瀛涯胜览》作"淛地港"，今 Chittagong。

⑥ 原误"实"，从朱本、影本改。

⑦ 原脱"物"字，从影本补。

⑧ 原误"泡"，影本误同，从朱本改。

⑨ 《瀛涯胜览》译名同，今 Sonārgaon。

⑩ 原脱"人"字，从朱本补。

⑪ 原误"吸"，影本误"圾"，从朱本改。

⑫ 板独哇即 Panduah。

⑬ 原误"项"，从朱本改。

内门三重，九间长殿，其柱皆黄铜①包②饰，雕琢花兽。左右长廊③，内设明甲马队千余，外列巨汉，明盔④明甲，执锋剑弓矢，威仪之⑤甚。丹墀左右，设孔雀翎伞百数，又置象队百数于殿前。其王于正殿设高座，嵌⑥八宝，踑⑦踞坐其上，剑横于膝。乃令银⑧柱杖⑨二人，皆穿白缠头，来⑩引导⑪前，五⑫步一呼，至中则止。又⑬金柱杖⑭二人，接引如前礼。其王恭礼拜迎诏，初⑮叩谢加额。开读赏赐，受毕，铺绒毯于殿地，待我天使⑯，宴我官兵，礼之甚厚。燔炙牛羊，禁不饮酒，恐乱其性，抑不遵礼，惟以蔷薇露和香蜜⑰水饮之也。宴毕，复以金盂、金系腰、金盆、金瓶奉赠天使，其副使皆以银盂、银系腰、银盆、银⑱瓶之类，其下之官，亦以⑲金铃⑳纫纻㉑丝长衣

---

① 原误"桐"，从朱本、影本改。

② 三本皆误"色"，从四卷本改。

③ 原误"郭"，影本作"廓"，从朱本改。

④ 原误"灰"，从朱本、影本改。

⑤ 应从四卷本作"壮"。

⑥ 原误"歃"，从朱本、影本改。

⑦ 应从四卷本作"箕"。

⑧ 朱本作"金"。

⑨ 原误"丈"，从朱本、影本改。

⑩ 原作"表"，影本同，从朱本、四卷本改。

⑪ 原误"道"，从朱本、影本改。

⑫ 原误"王"，影本同，从朱本、四卷本改。

⑬ 原误"乃"，影本同，从朱本、四卷本改。

⑭ 原误"丈"，从朱本、影本改。

⑮ 疑为"敕"之讹。

⑯ 原误"师"，从朱本、影本改。

⑰ 原误"密"，从朱本、四卷本改。

⑱ 原脱"银"字，从朱本、影本补。

⑲ 原作"不"，从朱本、影本改。

⑳ 原误"令"，从朱本、影本改。

㉑ 原误"纳"，从影本改。

赠之①，兵士俱有银盏钱，盖此国有礼富足②者矣。其后恭置金筒银叶表文，差使臣赍捧，贡献方物于廷。

其国③风俗甚淳，男子白布缠头，穿白布长衫，足穿金线羊皮靴，济济然亦其④文字者众。凡交易，虽⑤有万金，但价定打手⑥，永无悔改。妇女穿短衫⑦，围色布丝棉，然不施脂粉，其色自然娇白⑧，两⑨耳垂宝钿⑩，项挂璎珞，堆髻脑后，四腕金镯，手足戒指，可为一观。其有一种人曰⑪印度，不食牛肉。凡饮食，男女⑫不同处，夫死妻不再嫁，妻丧夫不再娶。若孤寡无倚，一村之家轮养之⑬，不容别村求食，是其义气之尚也。田沃丰足，一岁二收，不用耕耔⑭，随时自宜，男女勤于耕织。果有波罗蜜，大数⑮斗，甘甜香美。奄⑯摩勒，香酸甚佳。其余瓜果、蔬菜、牛、马、鸡、羊、凫、鸭、鱼、虾⑰之类甚⑱广。通使海𧵅，准钱市用。地产细布、撒哈⑲刺、

---

① 上二字三本皆倒误，今改。

② 上四字朱本作"富而有礼"。

③ 原脱"国"字，从朱本、影本补。

④ 上二字三本误同。四卷本作"有"。

⑤ 原误"罗"，从朱本、影本改。

⑥ 上四字原误"价秤平"，影本作"价定打平"，从朱本改。

⑦ 原脱"衫"字，从朱本、影本补。

⑧ 上六字原作"其娇色白色"，影本同，朱本作"其色自然娇白"，四卷本作"自然娇白"，今改正如上文。

⑨ 原误"而"，从朱本、影本改。

⑩ 原误"细"，从朱本、影本改。

⑪ 原误"日"，从朱本、影本改。

⑫ 上二字原误"饮"，从朱本、影本改。

⑬ 原脱"之"字，从朱本、影本补。

⑭ 朱本、四卷本并作"耘耔"。

⑮ 朱本、四卷本皆作"如"。

⑯ 原作"掩"，从朱本、影本改。

⑰ "鱼、虾"，朱本、影本并作"海鱼"。

⑱ 原误"其"，从朱本、影本改。

⑲ 原误"吟"，影本同，从朱本改。

绒毯、兜罗锦①、水晶、玛瑙、珊瑚、真珠、宝石、糖蜜②、酥油、翠毛、各色手巾被面。货用金银、布缎、色绢、青白花磁器、铜钱、麝香、银珠、水银、草席、胡椒之属。③

诗曰：

葛剌宗西域，留传④教不衰。兵戎皆有法，文字悉周知。货市排珍宝，辕门簇羽旗。柱梁雕饰彩，阶级引行仪。不饮羞燔炙，平铺毯陆离。分边盘坐处，异广在餐时。言誓冰霜操⑤，娇颜玉雪姿。波罗大如斗，摩勒⑥压连枝。耘籽何曾用，丰⑦穰只自宜。照临天广远，采拾句搜奇。恩诏钦华⑧夏，流风⑨实外夷。小臣存悃愊⑩，随表进丹墀。

《纪录汇编》本

自苏门答剌顺风二十昼夜可至。其国即西印度之地。西通金刚宝座国，曰"诏纳福儿"，乃释迦得道之所。永乐十三年，二次上命少监侯显等统舟师赍诏敕，赏赐国王、王妃、头目。其国海口有港曰察地港。立抽分之所。其王知我中国宝船到彼，遣部领赍衣服等礼人马千数迎。港口起程十六站，至琐纳儿江，有城池街市，聚货通商。又差人赍礼，象马迎接，再行二十站，至板独哇，是酋长之居处。城郭甚严，街市铺店，连楹接栋，聚货百有。

① 三本皆作"锦"，疑为"绵"之误。
② 原误"密"，从朱本、影本改。
③ 罗以智按：《说海》本首有"自苏门答剌顺风二十昼夜可至"。
④ 原作"传留"，从朱本、影本改。
⑤ 原作"檫"，朱本误"桥"，从影本改。
⑥ 三本皆误"勒"，今改。
⑦ 原误"风"，从朱本、影本改。
⑧ 原误"莘"，从朱本、影本改。
⑨ 上二字原倒误，从朱本、影本改。
⑩ 原误"幅"，从朱本改。

其王之舍，皆砖灰甃砌高广，殿宇平顶，白灰为之。内门三重，九间长殿，其柱皆黄铜色，饰雕琢花兽。左右长廊，内设明甲马队千余，外列巨汉，明盔明甲，执锋刃弓矢，威仪壮甚。丹墀左右，设孔雀翎伞盖百数，又置象队百数于殿前。其王于正殿高座，嵌八宝，箕踞坐其上，剑横于膝。乃令银柱杖二人，皆穿缠头，来引道前，五步一呼，至中则止。又金柱杖二人，接引如前礼。其王拜迎诏敕，扣头加额。开读赏赐，受毕，铺绒毯于殿地，待我天使，宴我官兵，礼之甚厚。燔炙牛羊，禁不饮酒，恐乱性而失礼，以蔷薇露和香蜜水饮之。宴毕，复以金盔、金系腰、金瓶、金盆赠之天使，其副使皆以银盔、银系腰、银瓶、银盆赠之，其下官员，亦赠以金铃纫绖丝长衣，兵士俱有银钱，盖此国富而有礼者也。其后躬置金筒金叶表文，差使臣赍捧，贡献方物于廷。

其国风俗甚厚，男子白布缠头，穿白布长衫，足穿金线羊皮靴，济济然有文字者众。凡交易，虽有万金，价定打手，永无悔改。妇女穿短衫，围色布丝锦，不施脂粉，自然娇白，耳垂宝钿，项挂缨络，髻堆脑后，四腕金镯，手足戒指。其有一种曰印度，不食牛肉。饮食男女不同处，夫死不再嫁，妻死不再娶。若孤寡无倚，一村人家轮流养之，不容别村求食，其义气有足称者。田沃丰足，一岁二收，不用耘籽，随时自宜，男女勤于耕织。果有波罗蜜，大如斗，甘甜甚美。庵摩罗，香酸甚佳。其余瓜果、蔬菜、牛、马、鸡、羊、凫、鸭、海鱼之类甚广。使海𧵅，准钱市用。地产细布、撒哈剌、毯绒、兜罗锦、水晶、玛瑙、珊瑚、真珠、宝石、糖蜜、酥油、翠毛、各色手巾被面。货用金银、段绢、青花白磁器、铜铁、麝香、银珠、水银、草席之属。

《星槎胜览》^① 前集终 ^②

---

① 朱本下多"目录"二字。

② 此行原缺，从朱本、影本补。

《星槎胜览》后集

《星槎胜览》后集目录 ①

自永乐七年己丑，至宣德八年癸丑止。累从钦差正使太监郑和等往西洋各 ② 国开读赏赐。凡在公余之暇，采辑诸番风 ③ 俗、人物、土产之异，集 ④ 成事序，咏其诗篇。

真腊国

东西竺

淡洋

龙牙门

龙牙善 ⑤ 提

吉里地闷 ⑥

---

① 朱本、影本作"目录后集"。

② 原误"名"，从朱本、影本改。

③ 原脱"风"字，从朱本、影本补。

④ 原误"律"，从朱本、影本改。

⑤ 《岛夷志略》作"菩"。

⑥ 原作"门"，从朱本、影本改。

彭坑 ①

琉球国

三岛

麻逸国

假里马丁 ② 国

重迦逻

渤泥国

苏禄国

大唄 ③ 喃国

阿丹 ④ 国

佐法儿国

竹步国

木骨都束 ⑤ 国

溜洋国

卜 ⑥ 剌哇国

天方国

---

① 三本皆误"玩",今改。

② 《岛夷志略》作"打"。

③ 原误"嗔",从朱本、影本改。

④ 原误"舟",朱本误同,从影本改。

⑤ 原误"东",从朱本、影本改。

⑥ 原误"小",从朱本、影本改。《明史》作"不"。

真腊国（Kamboja）

其国州南之门，为都会之所，有城周围七十余里，石河^①广二十余丈，殿宇三十余所。凡岁时一会，则罗列玉猿、孔雀、白象、犀牛于前，名曰百塔洲。次^②桑香佛舍，饮馔必以金盘金碗盛^③食之。谚^④云："富贵真腊^⑤也。"气候常热，田禾丰^⑥足。煮海为盐，风俗富饶。^⑦男女椎^⑧髻，穿短衫而围梢布。法有剐、刖、刺、配，犯盗则断手足，番人杀唐人则偿其命，唐人杀番人则罚其金，无金卖身^⑨赎罪。地产黄蜡^⑩、犀、象、孔雀、沉香、苏木、大风子油、翠毛。货用金银、烧珠、锦段、丝布之属。^⑪

诗曰：

真腊^⑫山岗远，荒城傍海涯。兽禽多彩丽，人物好奢靡。列塔为奇异，

① 上二字原作"所"，从四卷本及《岛夷志略》改。
② 三本皆作"以"，从《岛夷志略》改。
③ 原误"盆"，从朱本、影本改。
④ 原误"颜"，从朱本、影本改。
⑤ 三本皆作"䑍"，今改。
⑥ 原误"风"，从朱本、影本改。
⑦ "风俗"下应有脱文，《岛夷志略》云："俗尚华侈，田产富饶。"
⑧ 三本皆作"堆"，从《岛夷志略》改。
⑨ 原作"钱"，影本同，朱本作"其身"，今从《岛夷志略》改。
⑩ 原作"䑍"，朱本作"腊"，从四卷本改。
⑪ 罗以智按：《说海》本首有"自占城顺风三昼夜可至"。钧按：此条尽采自《岛夷志略》，惟删节其文而已。
⑫ 原作"䑍"，今改。

罗盘逞礼仪。夷风聊可采，吟咏感明时。

《纪录汇编》本

自占城顺风三昼夜可至。其国门之南，为都会之所。有城池，周七十余里，石河广二十余丈，殿宇三十余所。凡岁时一会，则罗列玉猿、孔雀、白象、犀牛于前，名曰百塔洲。金盘金碗盛食，谚云："富贵真蜡也"。气候常热，田禾丰足。煮海为盐，风俗富饶。男女椎髻，穿短衫，围梢布。法有劓、刖、刺、配，犯盗则断手足，番人杀唐人则偿命，唐人杀番人则罚金，无金卖身赎罪。地产黄蜡、犀、象、孔雀、沉香、苏木、大风子油、翠毛。货用金银、烧珠、锦段、丝布之属。

东西竺（Pulo Aor）

山形分对嵯峨，若蓬莱万①丈之幽。田瘠不宜稼穑，岁藉②邻邦淡洋米谷以为食。气候不齐，煮海为盐，酿椰子为酒。男女断发，系稍布③。地产槟榔、木绵④、椰心簟⑤。货用花⑥锡、胡椒、铁器也。⑦

诗曰：

东西分海境，民物异于常⑧。果啖槟榔实，酒倾椰子浆⑨。贸椒知⑩价值，织簟货经商。动我退⑪观意，吟哦记短章。

《纪录汇编》本

其山与龙牙门相望海洋中。山形分对嵯峨，若蓬莱方丈之间。田瘠不宜稼穑，岁藉诸邦淡洋米谷以食。气候不齐，煮海为盐。酿椰子为酒。

---

① 三本皆作"方"，《岛夷志略》同，罗校作"万"，今从之。

② 三本皆作"籍"，从四卷本改。

③ "稍布"《岛夷志略》作"占城布"。

④ 原误"锦"，从影本及《岛夷志略》改。

⑤ 《岛夷志略》云："番人取其椰心之嫩者，或素或染，织而为簟，以售唐人。其簟冬暖而夏凉，亦可贵也。"可参考《诸番志》"椰心簟"条。

⑥ 原脱"花"字，从朱本、影本补。

⑦ 此条亦尽采自《岛夷志略》而删节其文。

⑧ 原误"当"，从朱本改。

⑨ 原误"酱"，从朱本、影本改。

⑩ 原误"真"，朱本作"和"，从影本改。

⑪ 原误"避"，从朱本、影本改。

男女断发，系梢布。地产槟榔、木棉布、蕉心簟。货用花锡、胡椒、铁器之属。

淡洋（Tamiang）

其处与阿鲁山相连。去满剌^①迦三日之程。^②山远。周围有港通内。大溪深^③，汪洋二千余里，奔流出海之中。一流清淡味甘，舟人过往汲水日用，名曰淡洋。^④田肥禾盛，米粒小^⑤，然炊饭甚香。地产降香。民俗淳厚，气候常热。男女椎^⑥髻，腰围稍布^⑦。货用金银、铁器、磁碗之属。^⑧

诗曰：

清流甘且淡，奔出海中央。畎亩饶滋^⑨味，舟人过汲浆。贸交金辟^⑩赤，米小饭炊香。民俗风淳厚，那知在异方。

《纪录汇编》本

其处与阿鲁山地连接。去满剌加三日程。山绕周围，有港内通大溪，

---

① 原误"利"，从朱本、影本改。

② 上十六字影本旁注在条首地名下，朱本亦另行缮录，不与本文相合。

③ 原误"山"，从朱本、影本改。

④ 《岛夷志略》曰："港口通官场百有余里，洋其外海也，内有大溪之水，源二千余里，奔流冲合于海。其海面一流之水清淡，舶人经过，往往乏水，则必由此汲之，故名曰淡洋。过此以往，未见其海岸之水不咸也。"

⑤ 原作"少"，从朱本、影本改。

⑥ 三本皆作"堆"，从《岛夷志略》改。

⑦ 《岛夷志略》作"溜布"，"溜"即本书之"溜洋"。

⑧ 此条几尽采《岛夷志略》文。

⑨ 原缺"滋"，从朱本、影本补。

⑩ 朱本作"阙"。

汪洋千里，奔流出海。清淡味甘，舟人过往汲之，名曰淡洋。田肥禾盛，
米粒尖小，炊饭甚香。地产香。民俗颇淳，气候常热。男女椎髻，腰围梢布。
货用金银、铁器、磁器之属。

龙牙门（Governador Str.）

在三佛齐之西北也^①。山门相对^②，若龙牙^③状，中通过船。山涂田瘠，米谷甚厚^④。气候常热，四五月间淫^⑤雨。男女椎^⑥髻，穿短衫，围稍布。掳掠为豪，遇有番船，则驾小船百只^⑦，迎敌数日。若得顺风，侥幸而脱，否则被其截，财被所劫。泛海^⑧之客，宜当谨防。^⑨

诗曰：

山峻龙牙状，中通水激湍。居人为掳^⑩易，番舶往来难。人夏常多雨，经秋且不寒。从容陪使节，到此得游观。

《纪录汇编》本

其处在三佛齐西北。山门相对，若龙牙状，中通船过。山田瘠，米谷甚薄。

---

① 上八字影本附注在条首地名下。

② 《岛夷志略》云：“门以单马锡番，两山相交。”按：“单马锡”乃“Tumasik”之对音，新嘉坡（Singapore）之旧名也。“番字”上下疑有脱文，殆指龙牙（Linga）岛，则龙牙门似指 Governador 峡。

③ 三本皆作“角”，从《岛夷志略》及四卷本改。

④ 四卷本作“薄”，《岛夷志略》作“稻少”。

⑤ 三本皆作“汹”，从《岛夷志略》及四卷本改。

⑥ 三本皆作“堆”，从《岛夷志略》及四卷本改。

⑦ 《岛夷志略》作“二三百只”。

⑧ 原脱“海”字，从朱本、影本补。

⑨ 此条亦尽采自《岛夷志略》而删节其文。

⑩ 原误“掳”，从朱本、影本改。

气候常暑，四五月淫雨。男女椎髻，穿短衫，围梢布。掳掠为豪，遇番舶，则以小舟百数迎敌。若顺风，侥幸而脱，否则被其劫杀。舟客于此防之。

龙牙善^①提（Langkawi）

周环皆山石^②排垒^③门，无田耕种^④，但栽薯蓣代粮^⑤，常^⑥熟收堆，以供岁月。气候多热少寒，俗朴而淳。男女椎^⑦髻，披木绵布。煮海为盐，浸^⑧苎麻根酿酒。地产速香、槟榔、椰子。货用烧珠、铁鼎、色布之属。^⑨

诗曰：

垒石为门限，天生在海洋。稻粱全不种，薯蓣亦多^⑩藏。海水^⑪煎盐白，麻根酿酒香。虽云风俗朴，气候有炎凉。

《纪录汇编》本
缺。

---

① 《岛夷志略》作"菩"。

② 三本皆误"名"，从《岛夷志略》改。

③ 《岛夷志略》作"类"，应有脱文。

④ 上二字原倒误，从朱本、影本改。

⑤ 三本皆作"粱"，从《岛夷志略》改。

⑥ 疑为"当"之误。

⑦ 三本皆作"堆"，从《岛夷志略》改。

⑧ 三本皆作"波"，从《岛夷志略》改。

⑨ 此条亦采自《岛夷志略》，而删节其文。

⑩ 原缺"多"字，从朱本、影本补。

⑪ 原误"中"，从朱本、影本改。

吉①里地闷②

居重③迦逻之东。满山茂林，皆檀香树，无别产。马头商聚十二所。有酋长，田肥谷盛。气候朝热暮寒。凡其商舶染病④，十⑤死八九，盖其地甚⑥瘴气。男⑦女断发，穿短衫。货用金钱、铁器、磁碗之属。⑧

诗曰：

吉里东南海，居人卧饱餐。田肥时有谷，朝热暮生寒。涉⑨险商求⑩利，闻⑪香水种檀。短衫常覆体，形丑不堪观⑫。

《纪录汇编》本

其国居重迦逻之东。连山茂林，皆檀香树，无别产。马头商聚十二所。有酋长，田肥谷盛。气候朝热暮寒。男女断发，穿短衫，夜卧不盖其体。

---

① 《岛夷志略》作"古"。

② 原作"门"，从朱本、影本改，殆指 Gili Timor，犹言地闷岛也。

③ 原脱"重"字，朱本作"连"，从影本补。

④ 原脱"病"字，从朱本、影本补。

⑤ 原误"千"，从朱本、影本改。

⑥ 三本皆作"甚"，疑误。

⑦ 原误"用"，从朱本改。

⑧ 此条节采《岛夷志略》文。

⑨ 原误"陟"，从朱本、影本改。

⑩ 原缺"求"字，从朱本、影本补。

⑪ 原误"问"，从朱本、影本改。

⑫ 原误"香"，从朱本改。

商舶到彼，皆妇女到船交易。人多染疾病，十死八九，盖其地瘴气及其淫污之故也。货用金银、铁器、磁碗之属。

彭坑国（Pahang）①

在暹逻之西②，石崖周匝崎岖，远如平寨。田沃，米谷常熟③。气候常温。风俗尚怪，刻香木为神，杀人血祭祷，求④福禳灾。男女椎⑤髻，穿长衫，系单布⑥，富家女子金圈四五饰于顶发，常人五色珠圈。煮海为盐，酿椰⑦浆为酒。地产黄熟香、沉香、片脑、花锡、降香。货用金银、色段⑧、爪哇布、铜铁器、鼓板之属。⑨

诗曰：

嗟彼彭坑国，温和总是春。伤生在求⑩福，刻木惯为神。尊敬惟从长，催科不⑪到民。焉知施礼乐，立教序彝伦。

---

① 罗以智按：《明史》作"彭亨"。注云：一作"溢亨"，又作"彭坑"。钧按：《诸番志》译名作"蓬丰"，见"三佛齐"条。

② 影本作"在暹逻国之西"，旁注在条首国名下。

③ 上二字朱本、影本作"盛"。

④ 原误"永"，从朱本、影本改。

⑤ 三本皆作"堆"，从《岛夷志略》改。

⑥ 《岛夷志略》下多"稍"字。

⑦ 原误"柳"，从朱本、影本改。

⑧ 朱本、影本、《岛夷志略》皆作"绢"。

⑨ 此条几尽节采《岛夷志略》之文。

⑩ 原误"永"，从朱本、影本改。

⑪ 上三字原误"产不料"，从朱本改。

《纪录汇编》本

其处在暹逻之西，石崖周匝崎岖，远望山平如寨。田沃，米谷丰足。气候温。风俗尚怪，刻香木为人，杀人血祭祷，求福禳灾。男女椎髻，系单裙。富家女子金圈四五饰于顶发，常人五色烧珠穿圈，煮海为盐，酿浆为酒。地产黄熟香、沉香、片脑、花锡、降香。货用金银、色绢、爪哇布、铜铁器、鼓板之属。

琉球国^①

其处山形^②抱合而生，一山曰翠麓，一山曰大^③崎，一山曰斧头，一山曰重曼，高耸丛林。田沃谷^④盛，气候常热，男女以花印布大袖衫连裤穿之。其酋长尊礼，不科^⑤民下，人皆效法。酿甘蔗为酒，煮海^⑥为盐。能习读中国书，好古画^⑦、铜器，作诗效唐体。地产沙金、硫黄、黄蜡^⑧。货用真珠、玛^⑨瑙、磁碗之属。

诗曰：

翠霭是琉球，遐观碧海浮。四山高对耸，一水远长流。袖大健连裤，发松撮满头。土民崇诗礼，他^⑩处若能俦。

《纪录汇编》本

缺。

---

① 此条尽本《岛夷志略》，惟增"能习读中国书"等十六字。《岛夷志略》之琉球，原指台湾，而费信所增十六字，则以属今之琉球矣。
② 原误"邢"，从朱本、影本改。
③ 原误"太"，从影本、《岛夷志略》改。
④ 原误"俗"，从朱本、影本改。
⑤ 原误"料"，从朱本、影本改。
⑥ 原脱"海"字，从朱本、影本补。
⑦ 原误"书"，从朱本、影本改。
⑧ 上二字原脱，从朱本、影本补。
⑨ 原误"玚"，从朱本、影本改。
⑩ 原误"化"，从朱本改。

三 岛①

其处与琉球大崎②山之东鼎峙，有垒山层峦③，民倚边而居。田瘠少收④，以网鱼于海，织布为业。俗尚朴⑤质。男生拳发，妇女椎⑥髻，单布披之为衣，不解裁缝。凡男子得附舶之中国⑦，然罄⑧其资，身归本处，乡人称为能事，尊之有德，父兄皆赞焉。⑨煮海为盐，酿蔗浆为酒。地产黄蜡⑩、木绵布。货用金银、磁器、铁块之属。⑪

诗曰：

幽然三岛国，花木茂常春。气质尤宜朴，衣裳不解纫。游归名赞⑫德，

---

① "三岛"《诸番志》《元史》并作"三屿"。《诸番志》曰："三屿乃麻逸之属，曰加麻延、巴姥酉、巴吉弄等，各有种落，散居岛屿。"按：麻逸（Mait）指菲律宾群岛，旧考以 Calamian 当加麻延，以 Palawan 当巴姥酉（此名疑有讹误，原译殆作"巴老万"），以 Busuanga 当巴吉弄。

② 原作"峙"，从朱本改，《岛夷志略》作"大奇"。

③ 原误"垒石层蛮"，朱本"蛮"作"峦"，今从《岛夷志略》改。

④ 原脱"收"字，从朱本、影本补。

⑤ 原误"仆"，朱本、影本作"朴"，今改。

⑥ 三本皆作"堆"，从《岛夷志略》改。

⑦ 上二字原倒误，从朱本、影本改。

⑧ 原误"声"，从影本改。

⑨ 此段应有脱误。《岛夷志略》原文云："男子常附舶至泉州经纪，罄其资囊，以文其身，既归其国，则国人以尊长之礼待之，延之上座，虽父老亦不得与争焉。习俗以其至唐，故贵之也。"

⑩ 原误"腾"，从朱本及《岛夷志略》改。

⑪ 此条亦尽采自《岛夷志略》而删节其文。

⑫ 原误"读"，从朱本、影本改。

贺礼酒频倾。采吟荒峤①外，得句自逡巡。

《纪录汇编》本
缺。

---

① 原误"郊"，从朱本、影本改。

麻逸国①

在交栏②山之西③，山势峻，地平宽，夹溪聚居。气候稍热。男女椎④髻，穿长衫，围色布手巾。田多膏腴，倍收他国。俗尚节义，妇丧其夫，则削发碎面，绝食七日，与夫尸同寝，多与并逝矣。七日外不死，则亲戚⑤劝以饮食，或得苏命，乃终身不再嫁矣。或至焚夫尸日，则赴火而死，盖其节义之不改也。煮海为盐，酿蔗为酒。地产木绵、黄蜡⑥、玳瑁、槟榔、花布。货用铜鼎、铁块、五采⑦布绢之属。

诗曰：

美哉麻逸国，山峻地宽平。尚节心无异，耕田谷倍登。槟榔资咀嚼，玳瑁照晶荧。布染花生彩⑧，糖香酒自清。溪涛含荡漾⑨，海日⑩上高明。

---

① 麻逸首见《诸番志》，谓在渤泥（Brunei）之北，盖即 Mait 之对音，今 Mindoro 岛之旧名也。是编条首谓在交栏（Gelam）之西，则误以 Billiton 岛当之矣。然其文几尽采自《岛夷志略》，而《岛夷志略》之麻逸在菲律宾群岛中。四卷本改国名作"麻逸冻"，《明史》作"麻叶瓮"，皆文不对题也。

② 原作"拦"，影本同，从朱本及四卷本改。

③ 上六字朱本、影本并旁注在条首国名下。

④ 三本皆作"堆"，从四卷本及《岛夷志略》改。

⑤ 原脱"戚"字，从朱本、影本补。

⑥ 原省作"蠟"，从朱本改。

⑦ 影本作"彩"，朱本及四卷本并作"色"。

⑧ 原作"采"，从朱本、影本改。

⑨ 原误"漾"，影本同，今改。

⑩ 朱本作"月"。

蛮土知仁化，骎骎[①] 礼义行。

《纪录汇编》本[②]

其处在交栏山之西南洋海中，山峻地平，夹溪聚村落而居。气候稍热。男女椎髻，穿长衫，围色布。田膏腴，倍收他国。尚节义，妇丧夫，则削发剺面，绝食七日，夫死同寝，多有并逝者。七日不死，则亲戚劝以饮食，若得苏，终身不再嫁矣。至焚夫日，多赴火死。煮海为盐。酿蔗为酒。产木棉、黄蜡、玳瑁、槟榔、花布。货用铜鼎、铁块、五色布绢之属。

① 原误“骎骎”，从朱本、影本改。
② 国名作“麻逸冻”。

假里马打①国（Karimata）

其地与交栏②山相望海洋中③。山列翠屏，溪田虽有，米谷少收。气候常热。俗甚嚣薄。男女髡发，竹布为衣④。种芭蕉，采其实以代粱。煮海为盐，酿蔗为酒。地产玳瑁、羖羊。货用爪⑤哇布、烧珠、印布之属。⑥

诗曰：

假里山环⑦翠，民风丑不知。羖羊行作队，玳瑁出为奇。答应呢喃语，生成嚣薄姿⑧。田收佳谷少，热⑨候不相宜。

《纪录汇编》本⑩

其地与交栏山相望海洋中，山列翠屏，引溪水溉田，禾谷少收。气候常热。俗嚣薄。男子髡发，穿竹布短衫，围稍布。种芭蕉，采其实以代粮。煮海为盐，酿蔗为酒。地产玳瑁、羚羊。货用爪哇布、烧珠、印花布、米谷之属。

---

① 三本及四卷本皆作"丁"，从《岛夷志略》改。《元史·史弼传》作"答"。

② 原作"拦"，从朱本及四卷本改。

③ 上十一字朱本、影本并旁注在条首国名下。

④ 原误"布"，从朱本、影本改。

⑤ 三本皆作"瓜"，今改。

⑥ 此条除条首十一字外，余文并采自《岛夷志略》。

⑦ 原作"还"，影本同，从朱本改。

⑧ 原误"婆"，朱本作"资"，从影本改。

⑨ 影本作"气"。

⑩ 原倒误作"假马里丁"。

重迦逻①

其地与爪②哇界相接。高山奇秀,满山③皆盐敷树及楠枝④。内有一石洞,前后三门,可容一二万人。田谷⑤至于爪⑥哇,气候常暑。俗淳。男女撮髻,穿长衫,围折布手巾。无酋长,以尊年高有德者主之。煮海为盐,酿秣为酒。地产羖羊、鹦鹉、木绵、椰子、绵纱。货用⑦花银、花绢。其处山约去⑧数日水程,曰孙陀罗,曰⑨琵琶拖,曰⑩丹重,曰⑪圆峤,曰彭里⑫,不事耕种,

---

① 《岛夷志略》作"重迦罗",《诸番志》"苏吉丹"条有"戎牙路",一作"重迦卢",并是"Jangala"之对音。在今 Surabaya 之地,《瀛涯胜览》译名作"苏鲁马益",亦作"苏儿把牙"。

② 三本皆作"瓜",从《岛夷志略》改。

③ 原脱"山"字,从朱本及《岛夷志略》补。

④ 《岛夷志略》作"楠树"。

⑤ 《岛夷志略》作"土"。

⑥ 三本皆作"瓜",今改。

⑦ 原脱"用"字,从朱本、影本补。

⑧ 原脱"去"字,从朱本及《岛夷志略》补。

⑨ 原误"白",从朱本、影本改。

⑩ 原误"白",从朱本、影本改。

⑪ 原误"白",从朱本、影本改。

⑫ 《岛夷志略》云:"次曰诸番,相去约数日水程,曰孙陀,曰琵琶,曰丹重,曰员峤,曰彭里。"《诸番志》"苏吉丹"条注云:"贼国,丹重布啰、琶离、孙他、故论,是也。"是编转录《岛夷志略》之文应有讹误。"孙陀罗"应作"孙陀",即《诸番志》之"孙他"或"新拖","Sunda"之对音也。"丹重"应是"丹重布啰"之省称,昔爪哇语称 Borneo 岛曰 Tanjungpura,应指此地。彭里、琶离,皆"Bali"之同名异译。《诸番志》"苏吉丹"条一作"麻篱",余未详。

专尚寇掠，与吉陀、亚崎①诸国相通，商舶少能至也。②

诗曰：

迦逻山奇秀，修程接爪③哇。洞深通窈窕，髻撮甚敧④斜。齿长惟尊德，绵多吐细花。如何不耕种，寇掠作生涯。

《纪录汇编》本⑤

其地与爪哇界相接。高山奇秀，内有一石洞，前后三门，可容一二万人。田谷与爪哇略同，气候常暑。风俗颇淳。男女撮髻，身披单布长衫，围稍布手巾。无酋长，以年高有德者主之。煮海为盐，酿秫为酒。地产羚羊、鹦鹉、木棉、椰子、棉纱。货用花银、花绢。其处约去数日水程，曰孙陀罗，琶琶拖，曰丹重，曰圆峤，曰彭里。不事耕种，专尚寇掠，与吉陀崎诸国相通，所以商舶少能至矣。

---

① 上四字三本皆作"吉陀崎"，今从《岛夷志略》改。"吉陀"乃"Kedah"之对音。"亚崎"乃"Achin"之古译，《明史》作"哑齐"者是也。

② 此条全采《岛夷志略》。

③ 三本皆误"瓜"，今改。

④ 原作"歌"，从朱本改。

⑤ 作"重迦罗"。

渤泥国 ①

龙山磅礴，地宇横②广，源③田种植，丰登甚利。气候及④夏稍寒，冬月极热。俗好奢侈，男女一般⑤椎⑥髻，五彩⑦帛系腰，花布为衫。其国之民崇佛像，好斋沐。凡见唐人至其国，甚有爱敬，有醉⑧者，则扶归家寝宿⑨，以礼待之若故旧。煮海为盐，酿秫⑩为酒。酋长之用，不敛⑪民物，生理自如。⑫地产降真、黄蜡、玳瑁、片脑⑬。货用白银、赤金、色缎、牙箱、铁器之属。⑭

---

① 《蛮书》及《岛夷志略》作"浡泥"，《诸番志》作"渤泥"，与是编同。《宋史》及《文献通考》作"勃泥"，皆"Burni"之对音。今 Borneo 岛也。《东西洋考》谓即"大泥"（Patani），《明史》以《唐书》之"婆罗"移称此岛，皆误。

② 原误"黄"，从朱本、影本改。

③ 三本皆作"源"，皆为"原"之讹。

④ 原误"反"，从朱本改。

⑤ 原误"猷"，从影本改。

⑥ 三本皆作"堆"，从《岛夷志略》改。

⑦ 原误"采"，从朱本、影本改。

⑧ 原误"翠"，从朱本、影本改。

⑨ 上二字原倒误，从朱本、影本改。

⑩ 原误"木"，从影本及《岛夷志略》改。

⑪ 原误"饮"，从朱本、影本改。

⑫ 《岛夷志略》原文云："有酋长，乃选其国能算者一人掌文簿，计其出纳，收税无丝毫之差焉。"

⑬ 上二字原倒误，从朱本、影本改。

⑭ 此条全采《岛夷志略》之文。

诗曰：

渤泥沧海外，立国自何年。夏冷冬生热，山盘地自偏。积修崇佛教，扶醉①待宾贤。取信通商舶，遗风事可传。

《纪录汇编》本

缺。

---

① 原误"翠"，从朱本、影本改。

苏禄国（Solot, Sulu）

居东海之洋，石崎[①]保障[②]，山涂田瘠，种植稀薄。民下捕鱼虾生啖，螺蛤煮食。男女断发，头缠皂缦，腰围水[③]印花布。俗尚鄙陋。煮海为盐，酿蔗为酒。织竹布，采真珠，色白绝品，珠有径寸者，已值七八百锭，中者二三百锭。[④]永乐十六年，其酋长感慕圣恩，乃挈[⑤]妻携子涉海来朝，进献巨珠一颗，重七两五钱，罕[⑥]古莫能有也。皇上大悦，加劳厚赐金印冠带归国。地产真珠、降香、黄蜡、玳瑁、竹布。货用金银、八都剌布、青珠、磁器、铁铫[⑦]之属。

诗曰：

苏禄分东海，居民几万家。丸烹为水布，生啖爱鱼虾。径寸珠圆洁，行舟路去赊。献金朝玉阙，厚赐被光华。

《纪录汇编》本

缺。

---

① 《明一统志》"石崎山"注云："国以此山为保障。"
② 原误"瘴"，从朱本、影本改。
③ 《岛夷志略》作"小"。
④ 以上并出《岛夷志略》。
⑤ 原误"絜"，从朱本、影本改。
⑥ 影本同，朱本作"今"。
⑦ 《岛夷志略》作"条"。

大唄喃国①

　　地与都栏②礁③相近，厥土黑壤，亦宜谷麦。居民懒事耕作，岁藉④乌⑤爹⑥之米供食。商舶风信到迟，则波涛激滩，乃载货不满⑦，盖以不敢停泊也。若风逆，则遇巫里洋⑧险阻之难矣，及防高郎阜⑨沉水石之危。风俗颇淳。男女⑩缠头，穿长衫。地产胡椒、椰子、鱼虾⑪、槟榔。货用金钱、青白花磁器、布段之属。

---

① 四卷本及《明史》作"大葛兰"，此条尽本《岛夷志略》"小唄喃"条，疑当时无此国，抑大小唄喃皆指一地。藤田丰八《岛夷志略校注》以小唄喃当《元史·食货志》"市舶"条之梵答剌亦纳（Fandaraina），殊未知梵答剌亦纳亦作"Pandarani"。《岛夷志略》别有专条，译名作"班达里"也。

② 原作"拦"，从朱本、影本及《岛夷志略》改。

③ 突厥人西地阿里（Sidi Ali）书谓 Malabar 沿岸有地名 Tuluwan，殆为此都栏之所本。

④ 三本皆误"籍"，从《岛夷志略》改。

⑤ 原误"鸟"，从朱本及《岛夷志略》改。

⑥ "乌爹"乃"Udra"之对音，今 Orissa 之地也。

⑦ 原误"沟"，从朱本、影本及《岛夷志略》改。

⑧ 《岛夷志略》作"喃哑哩洋"，喃哑哩昔 Lamuri，今 Achin 沿岸也。

⑨ 《岛夷志略》作"高浪阜"，同一地名又在同书"大佛山"条作"高郎步"，今 Colombo 也。

⑩ "险"字下二十字原脱，今从朱本、影本补。《岛夷志略》之文云："或风迅到迟，马船已去，货载不满，风迅或逆，不得过喃哑哩洋，且防高浪阜中卤股石之厄。所以此地驻冬，候下年八九月马船复来，移船回古里佛互市。"

⑪ "虾"字从影本补。

诗曰:

大唄喃方险,都栏^①与结盟。土肥宜稻麦,民懒不耕耘。但有乌^②爹济,须防罗股惊。此邦风俗异,舟舶恣吟行。

《纪录汇编》本^③

地与都栏樵相近,厥土黑坟,本宜谷麦,居民懒事耕作,岁赖乌爹之米为食。商船为风所阻,不以时到,则波涛激滩,载货不敢满,盖以不可停泊之故也。若过巫里洋,则罹重险之难矣,及有高头埠沉水罹股石之危。风俗淳厚。男女缠头,穿单布长衫,围色布手巾。地产胡椒、椰子、溜鱼、槟榔。货用金钱、青白花磁器、布段之属。

---

① 原作"拦",从朱本、影本改。
② 原误"鸟",从朱本、影本改。
③ 国名作"大葛兰"。

阿丹^①国（Aden）

倚海而居，垒石为城，砌罗股石为屋，三四层高，厨房卧室^②皆在其上。用粟麦。风俗颇淳，民下富饶。男女拳发，穿长衫。女若出，则用青纱蔽面，布幔^③兜头，不露形貌，两耳垂金钱数枚，项挂璎珞。地产九尾羖羊、千里骆驼、黑白花驴、驼啼鸡、金钱豹。货用金银、色段、青白花磁器、檀^④香、胡椒之属。^⑤

诗曰^⑥：

阿丹^⑦城庙石盘罗，黑色滋肥粟麦多。风俗颇淳民富贵，岁华^⑧常见日^⑨融和。境^⑩无存草千山接，羊有垂胸九尾拖。纵目采吟人物异，过^⑪归稽首献銮坡。

---

① 原误"舟"，朱本误同，从影本及四卷本改。

② 上四字原作"树房坐室"，影本同，从朱本及四卷本改。

③ 原误"幔"，从影本改。

④ 原误"擅"，从朱本、影本改。

⑤ 罗以智按：《说海》本首有"自古里国顺风二十二昼夜可至"。

⑥ 全编诗仅此条为七言。

⑦ 原误"舟"，朱本同，从影本改。

⑧ 原误"莘"，从朱本、影本改。

⑨ 原误"因"，从朱本、影本改。

⑩ 朱本作"景"。

⑪ 影本同，朱本作"使"。

《纪录汇编》本

自古里国顺风二十二昼夜可至。其国傍海而居，草木不生。田肥，种植粟麦丰盛。垒石为城，砌罗股石为屋，三四层高，厨房卧室皆在其上。风俗颇淳，民下富饶。男女拳发，穿长衫。妇女出则用青纱蔽面，布帽兜头，不露形貌，两耳垂金钱数枚，项掛缨络。地产羚羊，自胸中至尾垂九块，名为九尾羊。千里骆驼、黑色花驴、驼蹄鸡、金钱豹。货用金银、色段、青白花磁器、檀香、胡椒之属。其酋长感慕恩赐，躬以方物贡献。

佐法儿国 ①

临海聚居，石城石屋，垒起高三五层者 ②，若塔其上。田广而少耕，山地皆黄，亦不生草木，牛、羊、驼、马惟食鱼干。男女拳发，穿长衫。女人则以布兜头面，出见人也不露面貌。风俗颇淳 ③。地产祖剌法 ④、金钱豹、驼鸡、乳香、龙涎香。货用金钱、檀香、米谷、胡椒、色段、绢、磁器之属。⑤

诗曰：

佐法儿名国，周围石垒城。乳香多土产，米谷少收成。大海鱼无限，荒郊草绝生。采风 ⑥ 吟异境，民物互经营。

《纪录汇编》本

自古里国顺风二十昼夜可至。其国垒石为城，砌罗股石为屋，有高三四层，若塔之状，厨厕卧室皆在其上。田广少收，山地黄赤，亦不生草木。民捕海鱼晒干，大者人食，小者喂养牛、马、驼、羊。男女拳发，穿长衫。女人出则以布兜头面，不令人见。风俗颇淳。地产祖剌法、金钱豹、驼啼鸟、

---

① 《瀛涯胜览》作"祖法儿"，即"Zufar"或"Zafar"之对音。今地图作"Dhofar"者是也。

② 原作"高层三五者"，影本同，从朱本改。

③ 原脱"颇淳"二字，从朱本、影本补。

④ 《诸番志》"弼琶啰"条作"徂蜡"，大食语"Zurafa"之对音。《瀛涯胜览》"阿丹"条作"麒麟"，则 Somali 语之对音也，盖指 giraffe。

⑤ 罗以智按：《说海》本首有"自古里国顺风二十昼夜可至"。又按：《明史》作"十昼夜"。

⑥ 原误"生"，影本同，从朱本改。

乳香、龙涎香。货用金银、檀香、米谷、胡椒、段绢、磁器之属。其酉长感慕恩赐,遣使奉贡方物。

竹步国（Jubb, Jobo）

　　村居寥落，地僻西方，城垣石垒，屋砌高堆。风俗亦^①淳。草木不生。男女^②拳发，^③出以布兜头^④。山荒地广，而多无霖，绞车深井，捕网海鱼。地产狮子、金钱豹、驼鸡有六七尺高者、龙涎香、乳香、金珀。货用土珠、色段、色^⑤绢、金银、磁器、胡椒、米谷之属。^⑥

诗曰：

　　岛夷名竹步，山赤见应愁。地旱无花草，郊荒有马牛。短稍男掩膝，单布女兜头。纵目逢吟眺，萧^⑦然一土丘。

《纪录汇编》本

　　其处与木骨都束山地连接，村居寥落，垒石为城，砌石为屋。风俗亦淳。男女拳发，男子围布，妇女出则以布兜头，不露身面。山地黄赤，数年不雨，草木不生。绞车深井，网鱼为业。地产狮子、金钱豹、驼蹄鸡，有六七尺高者，其足如驼蹄，龙涎香、乳香、金珀。货用土硃、段绢、金银、

---

① 三本皆作"有"，从四卷本改。

② 原脱"女"字，从影本及四卷本补。

③ 此下三本似皆有脱文，四卷本有"男子围布，妇女出则以布兜头"。

④ "头"字从四卷本补。

⑤ 原脱"色"字，从朱本补。

⑥ 罗以智按：《说海》本首有"其处与木骨都束山地接连"。

⑦ 原误"箫"，从朱本改。

磁器、胡椒、米谷之属。酋长受赐感化，奉贡方物。

木骨都束①国（Mogadiso, Mogedoxu）

濒海之居，堆石为城，操兵习射，俗尚嚣强。垒石为屋，四五层高，房屋厨厕②待客俱于上也。男女拳发四垂，腰围稍布。女发盘，黄漆光头，两耳垂③珞索数枚。项④带银圈，璎珞垂胸。出则⑤单布兜遮，青纱蔽面，足履皮鞋。山连地广，黄赤土石，不生草木，田瘠少⑥收。数年无雨，穿井绞车，羊皮袋水。驼、马、牛、羊，皆食海鱼之干。地产乳香、金钱豹，海内采龙涎香。货用金银⑦、色段、檀香、米谷、磁器、色绢之属。⑧

诗曰：

木骨名题⑨异，山红土色黄。久晴天不雨，历岁地无粮。宝石连珠索，龙涎及乳香。遥看风物异，得句喜⑩成章。

---

① 原误"东"，从朱本、影本改。

② 上二字原倒误，从朱本、影本改。

③ 原脱"垂"字，从朱本、影本补。

④ 原误"顶"，从朱本改。

⑤ 上二字原倒误，从朱本、影本改。

⑥ 原误"不"，从朱本、影本改。

⑦ 原作"钱"，从朱本、影本改。

⑧ 罗以智按：《说海》本首有"自小葛兰顺风二十昼夜可至"。

⑨ 原作"提"，从朱本、影本改。

⑩ 原误"善"，从朱本、影本改。

《纪录汇编》本

自小葛兰顺风二十昼夜可至，其国濒海，堆石为城，垒石为屋四五层，厨厕待客俱在其上。男子拳发四垂，腰围稍布。女人发盘于脑，黄漆光顶，两耳挂络索数枚，项带银圈，缨络垂胸，出则单布兜遮，青纱蔽面，足履皮鞋。山连地旷，黄赤土石，田瘠少收。数年无雨，穿井甚深，绞车以羊皮袋水。风俗嚣顽，操兵习射。其富民附舶远通商货。贫民网捕海鱼，晒干为食，及喂养驼、马、牛、羊。地产乳香、金钱豹、龙涎香。货用金银、色段、檀香、米谷、磁器、色绢之属。其酋长效礼进贡方物。

溜洋国①

其中有溜山，有锡兰②山，别罗里③起程南去④，海中天巧，石门有三⑤，远远⑥如城门，中过船。溜⑦山有八，曰⑧沙溜、官屿溜⑨、壬不知溜⑩、起来溜⑪、麻里溪溜⑫、加平年溜⑬、加加溜、安都里溜⑭，皆人聚居，亦有主者⑮，而通商舶。其八处地产龙涎香、乳香。货用金银、色段、色绢、磁器、米谷之属。传闻有三万八千余溜⑯山，即弱水三千之言也。亦有人聚，

---

① 原无"国"字，从影本补，《岛夷志略》名此国曰"北溜"。《瀛涯胜览》名"溜山国"。今 Maldives 群岛也。

② 三本皆误"罗"，从四卷本改。

③ "别罗里"地名并见祝允明《前闻记》"下西洋"条。旧考谓是锡兰岛中之 Belligamme，其说近似。此地距《岛夷志略》"大佛山"条之迓里（Galle）甚近，而郑和等所立三种文字碑（见本书"锡兰山"条）即发现于迓里也。

④ 此下应有脱文。四卷本下有"顺风七昼夜可至其山"。上文殆由费信得诸耳闻。此下所记并出《瀛涯胜览》"溜山"条。

⑤ 《瀛涯胜览》作"一"。

⑥ 第二"远"字四卷本作"望"。

⑦ 原误"流"，从朱本、影本改。

⑧ 原误"日"，朱本作"田"，从影本改。

⑨ 《瀛涯胜览》作"官瑞溜"。

⑩ 《瀛涯胜览》作"人不知溜"。

⑪ 《瀛涯胜览》作"起泉溜"。

⑫ 《瀛涯胜览》作"麻里奇溜"。

⑬ 《瀛涯胜览》作"加半年溜"。

⑭ 以上八溜三本皆同。

⑮ 上二字原作"生焉"，影本同，从朱本改。

⑯ 《瀛涯胜览》作"三千余溜"，"万八"二字疑衍。

巢树穴居。不识米谷,但捕海中鱼虾而食。裸形无衣,惟结树叶遮前后也。若商船因风落溜,人船不得复矣。①

诗曰:

溜山分且众,弱水即相通。米谷何曾种,巢居亦自同。盘针能指侣②,商船虑狂风。结叶遮前后,裸形为始终。虽云瀛海外,难过石门中。历览吟成句,殷勤献九重。

《纪录汇编》本③

自锡兰山别罗里南去,顺风七昼夜可至其山。海中天巧,石门有三,远望如城门,中可过船。溜山有八,沙溜、官屿溜、人不知溜、起来溜、麻里溪溜、加平年溜、加安都里溜。其八处网捕溜洋大鱼作块,晒干以代粮食。男子拳发,穿短衫,围梢布。风俗嚣强。地产龙涎香。货用金银、段帛、磁器、米谷之属。其酋长感慕圣恩,常贡方物。传闻又有三万八千余溜山,即弱水三千之说也。亦有人聚,巢居穴处。不识米谷,但捕鱼虾为食。裸形无衣,惟纫树叶遮其前后。若商舶因风落其溜,人船不可复矣。

---

① 罗以智按:《说海》本首云"自锡兰山别罗里南去顺风七昼夜可至"。

② 原作"侣",从朱本、影本改。

③ 作"溜山洋国"。

卜^①剌哇国（Brawa）

傍海为国，居民聚落。地广斥卤，有盐池，但投树枝于池，良久捞起，结成白盐食用。无耕种之田，捕鱼为业。男女拳发，穿短衫，围稍布。妇女两耳带金钱，项^②带璎珞。惟有葱蒜，无瓜茄。风俗颇淳。居屋垒石，高起三五层^③。地产马哈兽、花福禄^④、豹、麂、犀牛、没药、乳香、龙涎香、象牙、骆驼。货用金银、段绢、米豆、磁器之属。^⑤

诗曰：

卜^⑥剌邦濒海，无田种稻禾。树枝投入沼，咸^⑦水结为醝^⑧。自古瓜茄乏，从来葱蒜多。异香兼^⑨异兽^⑩，感与一^⑪吟哦。

---

① 原误"小"，从朱本、影本改，《明史》作"不"。

② 三本皆作"顶"，从四卷本改。

③ 朱本、影本下有"者"字。

④ 马哈兽即 oryx，花福禄即 zebra，本书"阿丹"条作"黑白花驴"。

⑤ 罗以智按：《说海》本首有"自锡兰山别罗南去二十一昼夜可至，其国与木骨都束国接连"。

⑥ 原作"小"，朱本同，从影本改。

⑦ 三本皆误"醎"，今改。

⑧ 三本皆误"醛"，今改。

⑨ 原误"廉"，从影本改。

⑩ 上五字朱本作"殊方异兽"，脱一字。

⑪ 原缺"一"，从朱本、影本补。

《纪录汇编》本

自锡兰山别罗南去二十一昼夜可至，其国与木骨都束国接连。山地傍海而居，垒石为城，砌石为屋，山地无草木。地广斥卤，有盐池，但投树枝于池，良久捞起，结成白盐。风俗颇淳，无田耕种，捕鱼为业。男女拳发，穿短衫，围梢布。妇女两耳带金钱，项挂缨络。惟有葱蒜，无瓜茄。地产马哈兽，状如麝獐；花福禄，状如花驴；豹、麂、犀牛、没药、乳香、龙涎香、象牙、骆驼。货用金银、段绢、米豆、磁器之属。其酋长感慕恩赐，进贡方物。

天方国 ^①

地多旷漠，即古筠^②冲之地，名为西域。风景融和，四时皆^③春也。田沃稻饶，居民^④安业，^⑤风俗好善。有酋长，无科扰于民，无^⑥刑法之治，自然淳化。不生盗贼，上下和美。古置^⑦礼拜^⑧寺，见月初生，其酋长及民下悉皆拜天，以为一国之化，余无所施。其寺分为四方，每方九十间，共三百六十间。皆白玉为柱，黄甘玉^⑨为地，中有黑石一片，方丈余，曰汉初天降也。其寺层次高上，如塔之状。男子穿白长衫。地产金珀、宝石、真珠、狮子、骆驼、祖剌法、豹、麂。马八尺之高也，即为天马也。^⑩货用金银、段匹、色绢、青花白磁器、铁鼎、铁铫之属。乃日中不市，至日落之后以为^⑪夜市，盖其日色热之故也。^⑫

---

① 《瀛涯胜览》国名同，《岭外代答》作"默伽"，《诸番志》作"麻嘉"，《岛夷志略》作"天堂"，今 Mekka 也。

② 原误"筹"，从朱本、影本及《岛夷志略》改。

③ 原误"之"，影本同，从朱本改。

④ 原倒误，从朱本、影本及《岛夷志略》改。

⑤ 以上本《岛夷志略》。

⑥ 原脱"无"字，从朱本补。

⑦ 原误"值"，朱本作"制"，从影本改。

⑧ 三本皆作"格"，从四卷本改。

⑨ 原误"土"，从朱本、影本改。

⑩ 《岛夷志略》："地产西马，高八尺许。"

⑪ 原脱"为"字，从朱本、影本补。

⑫ 罗以智按：《说海》本首有"其国自忽鲁谟斯四十昼夜可至，其国乃西海之尽也，有言陆路一年可达中国"。

诗曰：

罕见天方国，遗风礼义长。存心恭后土，加额感穹①苍。玉②殿临西域，山城接大荒。真珠光彩洁，异兽贵驯③良。日以安民业，晚来聚市商。景融禾稼盛，物阜草木香。尤念苍生志，承恩览远邦④。采诗虽句俗，诚意献君王。⑤

《纪录汇编》本

其国自忽鲁谟斯四十昼夜可至。其国乃西海之尽也，有言陆路一年可达中国。其地多旷漠，即古筠冲之地，名为西域。风景融和，四时皆春也，田沃稻饶，居民安业。男女穿白长衫，男子削发，以布缠头，妇女编发盘头。风俗好善。酋长无科摄于民，亦无刑罚，自然淳化。不作盗贼，上下安和。古置礼拜寺，见月初生，其酋长与民皆拜天，号呼称扬以为礼，余无所施。其寺分为四方，每方九十间，共三百六十间。皆白玉为柱，黄甘玉为地，中有黑石一片，方丈余，曰汉初时天降也。其寺层次高上，如塔之状。每至日落，聚为夜市，盖日中热故也。地产金珀、宝石、真珠、狮子、骆驼、祖剌法、豹、麂。马有八尺高者，名为天马。货用金银、段匹、色绢、青白花磁器、铁鼎、铁铫之属。其国王臣深感天朝使至，加额顶天，以方物、狮子、麒麟贡于廷。

---

① 三本皆误"穷"，今改。

② 原误"王"，从朱本、影本改。

③ 原误"训"，从朱本、影本改。

④ 朱本作"方"。

⑤ 后有字两行。一行曰："道光甲辰清明日校，镜泉罗以智。"一行曰："是本为明人旧抄本传抄，以《说海》本校一过。乙巳试镫日识。"

阿鲁国①

原缺②

《纪录汇编》本

其国与九州山相望，自满剌加顺风三昼夜可至。其国风俗气候，与苏门答剌大同小异，田瘠少收，盛种芭蕉、椰子为食。男女裸体，围梢布，常驾独木舟入海捕鱼，入山采米脑香物为生。各持药镞弩防身。地产鹤顶、片米、糖脑，以售商舶。货用色段、色绢、磁器、烧珠之属。

《星槎胜览》后集终③

---

① 《瀛涯胜览》作"哑鲁"，《爪哇史颂》中之 Harwa，苏门答剌岛东北岸之 Aru 港也。
② 《瀛涯胜览》云："自满剌加国开船，好风行四昼夜可到。其国有港名淡水港一条，入港到国，南是大山，北是大海，西连苏门答剌国界，东有平地。"
③ 原缺此行，从朱本、影本补。

附录一　费信传①

　　费信字公晓，永乐间诏中官郑和使西洋，抚谕诸番夷，发锐卒二万三千，艖四十有八。简文采论识之士颛一策书，备上清览，信首预选。由东吴海堧开艖历广闽诸岛，凡四十余邦，计程八万。自己丑至宣德癸丑，岁逾二纪。信每莅番城，辄伏几濡豪，叙缀篇章，标其山川、夷类、物候、风习，诸光怪奇诡事，以储采纳，题曰《星槎胜览》。邑人周复俊为删析，附《玉峰诗纂》行世。

---

① 见《昆新两县续修合志》卷三十《文苑一》。

附录二　归有光题①

　　余家有《星槎胜览》，辞多鄙芜，上海陆子渊学士家刻《说海》中有其书，而加删润。然余性好聚书，独以为当时所记，虽不文亦不失真，存之以待班固、范晔之徒为之可也。凡书类是者，予皆不惮雠校，卷帙垢坏，必命童子重写。盖余之笃好于书如此。己未中秋日。②

---

① 见《震川集》卷五。
② 同卷后有题《瀛涯胜览》语。首云"余友周孺允家多藏书，予尝从求《星槎集》以校家本。孺允并以此书见示，盖二人同时入番，可以相参考，亦时有古记之所不载者"云云。尾题："己未潮生日书。"

附录三　罗以智跋 ^①

费信《星槎胜览》二卷，四库未著录，曾刊入《说海》中，与诸家书目皆分四卷，是本为明人旧抄。前集所亲历者二十二国，曰占城国、曰宾童龙国、曰灵山、曰昆仑山、曰交栏山、曰暹罗国、曰爪哇国、曰旧港^②、曰满剌加国、曰九洲山、曰苏门答剌国、曰花面国^③、曰龙牙犀角、曰龙涎屿、曰翠蓝屿、曰锡兰山国、曰小唄喃国^④、曰柯枝国、曰古里国、曰忽鲁谟斯国、曰剌撒国、曰榜葛剌国。后集所传译者二十二国，曰真腊国、曰东西竺^⑤、曰淡洋、曰龙牙门、曰龙牙善提、曰吉里地门、曰彭坑^⑥、曰琉球国、曰三岛国、曰麻逸国、曰假里马丁国、曰重迦逻、曰浡泥国、曰苏禄国、曰唄喃国、曰阿丹国、曰佐^⑦法儿国、曰竹步国、曰木骨都束国、曰溜洋、曰卜^⑧剌哇国、

---

① 钧按：跋中小注皆镜泉先生自注。

② 即《明史》三佛齐国。

③ 即《明史》那孤儿国。

④ 《说海》本"唄喃"皆作"葛兰"，《明史》同。

⑤ 即《明史》柔佛国。

⑥ 《明史》作"彭亨"。注云："作滛亨，又作彭坑。"

⑦ 《明史》"佐"作"祖"。

⑧ 《明史》"卜"作"不"。

曰天方国。《说海》本只四十国，错杂载之，有阿鲁①，而无龙牙善提、琉球、三岛、淳泥、苏禄。其文句大有详略，如"苏门答剌国"一条"金钱每二十八个，重金五两二钱"，是本则云"金钱每四十八个，重金一两四分"，更为歧异。首冠"自序"，两本各别。纪年皆为正统丙辰，不解何以不同如是？是本每国后各系以诗，唯"阿丹"一首为七言，余悉五言。"交栏山"独无诗，疑有脱佚。《说海》本诗皆删去。朱竹垞检讨辑《明诗综》，想亦未见是本，故其人未经采入。是书所纪诸国道里、山川、风俗、物产，多与《明史》同。信自永乐至宣德间选往西洋四次，按史传郑和经事三朝，先后七奉使上西洋。是书一在永乐七年，《明史》作六年；一在永乐十年，随奉使少监杨敕等，不言郑和，《明史·本纪》是年十一月丙辰亦使郑和；一在永乐十三年，《明史》作十四年；一在宣德六年，《明史》作五年，考当年亲随郑和下西洋者，尚有巩珍，著《西洋番国志》；一在永乐十九年十月十六日，与《明史·本纪》书于正月癸巳不符；一在宣德五年五月四日，与《明史》符，而与是书不符。马欢著《瀛涯胜览》，在永乐十一年，与《明史·本纪》书于十年十一月丙辰不符，又不解何以不同如是？果以史书为足征，如《爪哇传》中云："至今国之移文后书一千三百七十六年，盖汉宣帝元康元年，乃其建国之始也。"推元康元年丙辰，至宣德七年壬子，历二十五甲子，为一千四百九十七年，当肇启于东汉光武帝中元二年丁巳。此不难于稽考者。犹有舛误，亦未可据信史书，谓诸家传纪尽不足依据者矣。又按巩、马两书皆有黎代、南勃里②，稽之《明史》，郑和所使之国，更有西洋琐里、琐里、加异勒、阿拨把丹、南巫里、甘把里、急兰丹、比剌、阿利、麻林、沙里湾泥、小阿兰，是书未纪及。意者此数国信未亲历，抑传译亦莫得其略者欤。至是书所纪龙牙犀角、淡洋、龙牙善提、吉里地门、假里马丁、重迦逻诸国，则未尝不可以补《明史》之所缺遗耳。

---

① 《明史》亦作"哑噜"。

② 《明史》"勃里"作"渤利"。